生きるために読む

死の名言

伊藤氏貴

ダイヤモンド社

死の名言。

きっとあなたは、
このタイトルになんらか惹かれて、
本書を手に取ってくださったのだと思います。

今後の人生について考えているとき、
落ち込んだとき、
困難や病に打ちのめされそうなとき、
なんとなく頭に浮かんだとき……。

「死」について考える瞬間は、
人生のなかでたびたび訪れます。
その頻度に差はあれど、
一度も死について考えたことのない人は
いないはずです。

しかし、誰しも、実際の死が
どんなものかはわかりません。
ただ考えることしかできないゆえに、
考えることで憂鬱になったり、
混乱したりもします。
あるいは状況によっては、
逆に癒やしや救いを感じることも
あるかもしれません。

死とは、そういう「よくわからないもの」
「どうしていいかわからないもの」として、
わたしたちの頭の片隅に、
つねにひそんでいます。

本書は、望むと望まざるとにかかわらず
死について考えを巡らせることになったとき、
その一つの助けとなるべくまとめた本です。

道しるべとなるのは、
99人がこの世に残した
「死についてのことば」。

作家、漫画家、武士、コメディアン、
実業家、政治家など、
幅広い分野で活躍した人物が
書き残したり、
言い残したりしたことばを集めました。

一気に読む必要はありません。
頭から順に読んでいかなくても、かまいません。
ページをパラパラとめくってみて、
目にとまった人物やことばを選んでみてください。

日によって、気分によって、
気になる箇所は変わるはずです。

裏を返せば、
死について考えることは、
「生きる」ことを考えることでもあります。

だって、人生は人の数だけあれど、
「死」を避けて通れる人は、一人もいないからです。

どう死ぬかは、どう生きるかでもある。
だから本書には
『生きるために読む　死の名言』
というタイトルがついています。

さて、
それでははじめましょう。

第1章

したたかな死の名言

没した年――没年

第2章

はかない死の名言

没した年――没年

第3章

いさぎよい死の名言

第4章

かみしめる死の名言

没した年——没年

死の名言

第1章

したたかな

司馬遼太郎

1923-1996 没年72歳

目的への道中で死ぬべきだ。

『竜馬がゆく』より

作家。大阪は浪速生まれ。大阪外語大学モンゴル語科を繰り上げ卒業して学徒出陣し、満州に配属される。戦後、記者として新聞社に勤める傍ら小説を書き、38歳のとき『梟の城』で直木賞受賞。翌年退職し専業作家となり、『竜馬がゆく』『国盗り物語』『花神』『翔ぶが如く』など、大河ドラマの原作となる作品を数々残した。

一生のうちに完成できる志など、ちっぽけなものにすぎない

たんなる一小説家たることを超え、「司馬史観」と言われる歴史への独自の洞察によっても大きな影響を与えてきた司馬遼太郎ですが、なんと言っても最大の魅力は、彼の描く人物像にあります。個人として悩みを抱えつつも歴史の大局に立ち向かっていく人間の生きざまこそが、読者の心を掴んできました。たとえば『坂の上の雲』がなければ、秋山好古、真之兄弟について知る人は極めて少なかったことでしょう。

歴史学ではさほど重視されず、教科書から消えるかもしれない坂本竜馬の人気を不動のものとしたのも、司馬の『竜馬がゆく』でした。その中で「人の一生というのは、たかが五十年そこそこである。いったん志を抱けば、この志にむかって事が進捗するような手段のみをとり、その目的への道中で死ぬべきだ。生死は、自然現象だから、これを計算に入れてはいけない」と語る竜馬はまさにそのようにして、道半ばで斃れました。

司馬自身は「五十年」をはるかに超えて生きましたが、『街道をゆく』という50歳頃から書き継いでいたエッセイの連載中、取材後に吐血してそのまま腹部大動脈瘤破裂のため死去しました。まさしく目的への道中で亡くなったと言えるでしょう。

佐野洋子

1938-2010 没年72歳

死ぬとわかるのは、自由の獲得と同じだと思う。

『ヨーコさんの〝言葉〟わけがわからん』より

作家。北京で生まれ、大連で敗戦を迎える。戦中から戦後にかけて弟二人と兄を亡くす。父を失った年に武蔵野美術大学に進み、のちベルリン造形大学に留学。帰国後、絵本作家となる。乳癌で余命二年を告げられるが、五年ほど生き延びた。作品に『わたしのぼうし』『100万回生きたねこ』、エッセイ集『死ぬ気まんまん』など。

「死」を知る効用

名作『100万回生きたねこ』をお読みになったことのある方も多いでしょう。100万回生まれ変わっては、様々な飼い主のもとで死んできたねこは、飼い主たちがどれほど悲しんでも、自身の死を悲しいと思ったことがありませんでした。しかし孤独な野良ねこに生まれ変わったあるとき、自分に見向きもしない白猫に惹かれ、家族になります。そして白猫が死んだとき、はじめて死というものに涙するというお話です（もう少し話は続きますので、まだの方はぜひ実際にお読みください）。

佐野洋子自身も死に関して、あるきっかけで大きな気づきを得ました。名言の前にはこうありました。「余命二年と云われたら十数年私を苦しめてきたウツ病が消えた。人間は神秘だ。人生が急に充実して来た。毎日がとても楽しくて仕方ない」。

ふつうは鬱病になると希死念慮にとりつかれるものですが、ここで佐野は、死を宣告されることで鬱から解放された、と言っています。自分のであれ他人のであれ、死というものを意識することで真の悲しみを知り、また無用な思い煩（わずら）いから解放されるということもあります。いずれにせよ、死について考えることは今の自分の持っている時間を考えることでもあります。それは人生を豊かにする経験になりえるものです。

林子平

1738-1793 没年56歳

親もなし
妻なし子なし
板木なし
金もなけれど
死にたくもなし

辞世

江戸時代後期の社会思想家。仙台藩の禄を食んでいたときに経済・教育政策を藩に進言するも受け入れられず、禄を返上し、兄に扶養されつつ、一人自由に江戸や長崎まで遊学。蘭学者やオランダ商館長との交友を通じて海外への知見を広め、国防の必要性にいち早く気づく。高山彦九郎・蒲生君平と共に、「寛政の三奇人」と呼ばれる。

すべてを失っても、残るものはある

今でも領土問題の際に参照される『三国通覧図説』『海国兵談』などの著者として有名な林子平の狂歌です。前者の「三国」とは朝鮮・琉球・蝦夷のこと。特にロシア南下の脅威に対して蝦夷地（北海道）の確保を訴えました。『海国兵談』は、内容が国の軍事に関わる内容だったため、どこの版元からも渋られ、子平はなんと1791年に自ら版木を彫って自費出版を決行。狂歌の「板木」とはこの版木のことです。

しかし、政治に口出ししたかどで両著作とも発禁処分となり、『海国兵談』は板木まで没収され、さらには蟄居を命ぜられます。そのときに詠んだのがこの狂歌で、自ら「六無斎」と号しました。兄の部屋住みで家族も財産も持たず、労作も奪われ、このまま死にたくはないという願いにもかかわらず、翌年には病でこの世を去りました。

しかし、1832年に『三国通覧図説』は仏訳され、それが幕末、諸外国との間で小笠原諸島の帰属が争われた際に、日本側に有利な証拠となりました。『海国兵談』は、出版から十数年後に南下したロシア軍が松前藩の番所を襲撃、また数十年後に黒船が来てその重要性が再認識されました。伊藤博文は子平の偉業を讃え、墓所に碑を建てました。板木がなくともなにがなくとも、名前だけは立派に残ったといえます。

梅原龍三郎

1888-1986 没年97歳

葬式無用
弔問供物
固辞する事
生者は死者の為に煩わさるべからず

遺書

洋画家。京都の染物問屋に生まれる。浅井忠に師事したのち、渡仏し、ルノワールの指導を受けた。中国や日本の各地の風物を鮮やかな色彩で描き、東洋の伝統を生かした豪放な洋画の世界を切り拓いた。フランス政府から叙勲されるなど、海外での評判も高い。主要作品に『黄金の首飾り』『裸婦扇』『紫禁城』『噴煙』など。

わずか五行で、すべてを伝える

若いときに同じ画塾で学んだ安井曾太郎とともに日本の西洋画の発展に大きく寄与し、長らく画壇に君臨した梅原龍三郎の遺書です。これが全文で、五行の筆書きで書かれていました。長生きをして、富も地位も名声も手に入れた梅原の死を世間が放っておくわけがないことを、梅原自身重々承知していました。葬儀一つをとっても、自分の名を辱めないようにと、遺族たちがいろいろと気骨の折れる思いをするだろうと考えたのに違いありません。

このことばは、白洲次郎（164ページ）をはじめとする多くの人に感銘を与えました。その潔さに惹かれたのでしょうが、そればかりではないでしょう。生き残る者たちへの配慮を忘れないようにという、死にゆく者に対する戒めとなると同時に、死者のことで必要以上に時間やエネルギーを奪われることのないようにという、生きて残される側への戒めともなっています。

もちろん死者を悼む心は人として大切です。しかし、あまりに強く死者への思いに囚われてしまうなら、それは死んだその人を喜ばせることにはならないのだ、と梅原のことばは伝えているように思えます。

坂口安吾

1906-1955 没年48歳

第一、ほんとに惚れて、死ぬなんて、ナンセンスさ。惚れたら、生きることです。

『堕落論・日本文化私観』より

作家。東洋大学文学部印度哲学倫理学科で学ぶ一方、アテネ・フランセでフランス語を学ぶ。「青い馬」に発表した短編『風博士』が牧野信一に激賞され、文壇に登場。失恋による空白期を経て、『日本文化私観』『堕落論』などの評論で復活。小説に『白痴』『桜の森の満開の下』など。太宰治らとともに「無頼派」と呼ばれる。

恋で死ぬな

好きな人がいるなら、懸命に生きる。単純で力強い思想です。坂口安吾なら、有島武郎（80ページ）の情死を嘲笑したことでしょう。失恋で世をはかなんで死ぬのも同様です。人が複雑に考え込んでいることにいきなり単純明快な警句をつきつけてちゃぶ台返しをするのは安吾の得意技ですが、恋愛についてはそう単純ではありません。

「恋愛は人間永遠の問題だ。人間ある限り、その人生の恐らく最も主要なるものが恋愛なのだろうと私は思う」と言いつつも、決して作家としての冷静な目を失わず、「恋愛などは一時的なもので、何万人の女房を取り換えてみたって、絶対の恋人などというものがある筈のものではない」とも語ります。

しかし、さらにこうも言うのです。「所詮幻であり、永遠の恋などは嘘の骨頂だとわかっていても、それをするな、といい得ない性質のものである。それをしなければ人生自体がなくなるようなものなのだから。つまりは、人間は死ぬ、どうせ死ぬものなら早く死んでしまえということが成り立たないのと同じだ」。

どうせなくなるとわかっていても、そこに賭けるしかないものとして、生と恋とがある。その意味でも両者は切れない関係にあります。

平塚らいてう

1886-1971 没年85歳

恋のために
死するものに非ず、
自己を貫かんがためなり、
自己の体系(システム)を
全うせむがためなり

森田草平『煤煙』より

作家。日本女子大学校家政科卒業後、作家森田草平と塩原心中未遂事件を起こし世間を騒がせた。その後、同人誌『青鞜』を発刊し、女性解放を訴える。日本最初の女性団体新婦人協会を設立し、女性参政権を要求した。第二次世界大戦後は平和運動に尽力した。著書に自伝『元始、女性は太陽であつた』など。

人生を始める「遺書」もある

　これは、平塚らいてうが親友に宛てた遺書として、森田草平が『煤煙』という小説で引用している一節ですが、新聞に発表された遺書は、「我が生涯の体系を貫通す、われは我がCauseによって、斃（たお）れしなり、他人の犯す所に非ず」となっていました。女性解放に生涯を捧げたらいてうですが、この遺書はわずか22歳のときのものです。

　女子大を卒業したばかりのらいてうは、5歳年上で妻も子もある森田と那須塩原に心中行に出ます。しかし森田には死ぬ覚悟などなく、二人はうろうろしているうちに連れ戻されますが、この事件は大スキャンダルになり、らいてうは世間の非難に晒されます。森田はこの件を『煤煙』という告白小説に書くことで禊（みそぎ）を果たしますが、一方のらいてうは、世間の非難を一身に浴びつつも、事件の三年後に女性による女性のための文芸誌『青鞜』を創刊します。「元始、女性は太陽であつた」という宣言は世間に大きなインパクトを与え、ここから女性解放運動が大きく広がっています。

　22歳の遺書は、結局新たな人生の始まりを宣言するものともなりました。若いうちに遺書を書いておくというのもいいことかもしれません。らいてうは85歳で死ぬときにもきっと同じことを書けたでしょう。

吉田松陰

1830-1859 没年29歳

死して不朽の見込みあらば
いつでも死ぬべし。
生て大業の見込みあらば
いつでも生くべし。

〈死ぬことで不朽の仕事ができるなら
いつでも死に、
生きて大業を成し遂げられるなら
生きるべきだ。〉

『高杉晋作宛書簡』より

幕末の思想家。9歳にして藩校明倫館で山鹿流軍楽の講義を行うほどの秀才だった。ペリー来日を機に尊王攘夷にめざめ，下田沖の米軍艦で海外密航を企てるが失敗して藩に幽閉される。教えを請う者が多く、幽閉中に松下村塾を主宰し、高杉晋作ら尊攘派志士を教育した。安政の大獄で刑死。

生きるか死ぬかより、何を残すか

吉田松陰は幕政批判のゆえに安政の大獄で死罪になり、「身はたとひ武蔵の野辺に朽ちぬとも留置(とどめおか)まし大和魂」〈武蔵野の地で死んでも、大和魂は残していこう〉という辞世を残しました。そして松陰の魂は高杉晋作をはじめとする松下村塾の塾生たちにたしかに引き継がれ、倒幕を成し遂げます。しかし実は、松陰がそこで教えたのはわずか二年ほど。その短さでなぜあれほど大きな影響力を持ちえたのでしょうか。

それは松陰自身がたんなる学者ではなく、大いなる行動家だったからでしょう。20歳で西洋兵学を学ぶために九州へ、22歳で津軽海峡を通る外国船を見るために脱藩し、士族の身分を剝奪されます。ペリーが二度目に現れたときには、留学のため密航を企てて失敗。そのかどで投獄されました。こうした自らの行動と経験に基づいてのことばだからこそ、塾生たちは奮い立ったのだと思います。

〈人間僅か五十年、人生七十古来希(こらいまれ)、何か腹のいえる様な事を遺って死なねば成仏は出来ぬぞ〉とも言い残していますが、松陰自身は五十どころか30歳にも満たずに死んだのです。明治維新まであと十年足らずでした。それでも自己の生死より「大業」を優先した彼の名は「不朽」となりました。きっと悔いはなかったでしょう。

8／100

高杉晋作

1839-1867 没年27歳

死だなら
釈迦と孔子に
追いつきて
道の奥義を
尋ねんとこそ思へ

〈死んだときには、釈迦と孔子に追いついて、
それぞれの道の奥義を尋ねよう〉

『高杉晋作史料』より

幕末の長州藩の志士。松下村塾に学び、久坂玄瑞とともに吉田松陰門下の双璧を成した。藩命により上海に渡航後、尊攘運動の先頭に立った。品川のイギリス公使館を焼き打ちし、また外国船の下関砲撃に際し庶民も入隊できる奇兵隊を編制した。のち挙兵により藩政を掌握し、藩論を倒幕に向かわせたが、維新直前に病死。

ことば通りに受け取ってはいけません

「三千世界の鴉を殺し、ぬしと朝寝がしてみたい」という色っぽい都々逸や、「おもしろきこともなき世をおもしろく」という辞世など、多くの洒脱な名言を残した高杉晋作ですが、結核で世を去ったときにはまだわずか27歳でした。

死に関するこの名言も、文字通りの意味にとって、信心深さに感心する人はよもやいないでしょう。なにしろ、釈迦や孔子も、はるか高みに座す聖人などではなく、死ねばすぐ追いつく場所にいるというのです。もし「道の奥義」にほんとうに関心があるなら、死ぬまで待つ必要はない、生きている間にこそ求めるべきはずです。

高杉にとっては、激動するこの世をどう生き、どう変えていくかという目の前の現実だけが重要だったのであり、「道」なんて堅苦しいものや死後の世界などどうでもよいものでした。死後のことは死んでから考えればよい。これもまた死に対する立派な一つの考え方です。裏を返せば、生きている間は生きることだけに集中しよう、ということになり、「おもしろきこともなき世をおもしろく」という辞世の句の精神にも繋がります。戦いや病によって死を身近に感じつつもなお、死よりも生についてのみ精神を集中しよう、これがこの世を「おもしろくすみなす心」なのでしょう。

中村哲

1946-2019 没年73歳

まず命を救え。
アメリカ人だろうが、
アフガン人だろうが、
日本人だろうが、
命は命です。

『ライフアシスト』第9号 より

医師。九州大学医学部卒業後、国内の病院で勤務し、38歳のとき日本キリスト教海外医療協力会から派遣されてパキスタン北西のペシャワールに赴任。以来二十年ほどパキスタンでハンセン病の治療にあたるが、国内情勢によりアフガニスタンに移る。しかし、2019年12月、車で移動中に何者かに銃撃され死亡。

あらゆる手を尽くし、命を救った

アフガニスタンなどで井戸を掘り、用水路を引き、という現地の人のための地道な活動に従事してきた医師・中村哲の訃報は衝撃的でした。命を救いに行って逆に命を奪われる理不尽。ただし本人は、こうした万が一を覚悟していたということです。

本来、援助に向かったのは医師としてでした。パキスタンでは、当時ハンセン病に苦しむ患者が二万人いましたが、専門医はたった三人。中村は自ら志願して、現地の医師も避けたがるハンセン病治療にあたります。この病は患部の感覚がなくなり、足を怪我しても気づかず、そこから傷が広がり足を切断する人が後を絶ちませんでした。そこで中村はサンダル作りをはじめます。病気や怪我を治すことよりも、まずそれを防ぐこと。水を引くことも含めて、これこそ「まず命を救え」ということでしょう。専門知識を備えた医師としてのプライドなどはここにはありませんでした。

そして命の重要性の前には、人と人の間に何の区別もありませんでした。自身はクリスチャンでしたが、現地ではモスクの建設もしました。彼らにとっての信仰の重要性をよく理解していたからでしょう。職業や信仰や人種などの自分の立場よりも、あくまで相手の命をなにより大切にした中村の死が悔やまれます。

瀬戸内寂聴

1922-2021 没年99歳

定命が尽きるまでは
死ぬことができません。
いただいた命は
大切にしましょう。

『老いも病も受け入れよう』より

作家、僧侶。俗名・晴美。21歳で同郷の男性と結婚し、翌年長女を出産するも、娘が3歳の時に家を捨てて独居。その後、同人誌に発表した「女子大生・曲愛玲」で純文学作家としてデビュー。私小説的な作品から大衆文学、評伝、古典の現代語訳まで幅広く活躍。51歳で得度、寂聴を名乗る。作品に『夏の終り』など。

いつまで生きるかはわからぬもの

晩年のあの丸めた頭と溢れんばかりの笑顔からは想像もつかない、波乱に満ちた生涯でした。20歳で見合いをして、翌年結婚。子どもも生まれますが、夫の教え子と不倫をし、一度は許されたものの、子を置いて家出。正式な離婚を経た後、少女小説で生計を立てつつ純文学を目指しますが、『花芯』という作品が女性の性を赤裸々に描くものとしてポルノ扱いを受け、純文学雑誌には書かせてもらえなくなります。

その後、かつての不倫相手と年上作家との三角関係を含めた奔放な恋愛関係を書いた『夏の終り』で女流文学賞を受けます。さらに井上光晴という別の年長の作家と不倫関係に入りますが、それを断つために出家を決意。ようやく「寂聴」となります。

とはいえ、過去をすべて断ち切れたわけではなく、特に捨てた娘のことはずっと頭を離れなかったそうです。しかしだからこそ、苦しくとも生きて自分の愚かさをも含めて語ることに努めました。そこには、「定命」すなわち、「自分の命数は自分以外の何ものかによって定められており、だからこそ大切にしよう」という考えがありました。自分勝手に生きた前半生を大いに反省しつつ、たしかにその「定命」をまっとうした人生だったと言えるでしょう。

手塚治虫

1928-1989 没年60歳

素晴しい、もう満足しきった
人生を送れば、
死ぬ時にそんなに
苦しまなくたって
いいいんだろうなあ。

手塚治虫+松谷孝征『手塚治虫 壁を超える言葉』より

漫画家。『マアチャンの日記帳』でデビューし、『新宝島』で人気を博しつつ、大阪大学医学部に入学。のちに医学博士号取得。あらゆるジャンルの漫画、アニメの開拓者として『鉄腕アトム』『ジャングル大帝』『リボンの騎士』『火の鳥』『ブラック・ジャック』『アドルフに告ぐ』など多数の作品を残し、驚異的な忙しさの中で病没。

死は「最終回」を待ってくれない

このことばのとおりなら、手塚治虫ほど苦しまずに死ねた人間もいないでしょう。しかし実際の臨終のことばは、「頼むから仕事をさせてくれ！」だったそうです。あれほどの「素晴らしい」作品を沢山残しながら、「満足」できなかったのでしょうか。

一時期のわずかな低迷を除けば、17歳のデビュー以来つねに第一線で活躍し続け、最晩年まで大作を手掛けていた手塚は、生前から「漫画の神様」と言われるほどの名声を得ていました。

胃癌の告知はされませんでしたが、医学博士でもあった手塚が、はたして胃潰瘍という診断を信じていたでしょうか。未完の遺作、『ネオ・ファウスト』では、主人公を救う重要な人物が、まさしく胃癌を胃潰瘍と偽られたまま亡くなっていました。

もっと仕事をというのは、自らの死を悟っていればこその願いだったかもしれませんが、ここにはパラドックスがあります。つまり、充実した素晴らしい人生を送ってきたからこそ、それがここで断ち切られるのはより苦しい。『ネオ・ファウスト』の主人公は、魔法の力で若返ります……がそこで絶筆となりました。若さと生命とにこだわった主人公も、手塚とともに「仕事」を残したままになりました。

藤子・F・不二雄

1933-1996 没年62歳

のび太
「生きてるのがいやになった。」
ドラえもん
「いつものことじゃない。」

『ドラえもん』より

漫画家。本名は藤本弘。少年時代に番長の似顔絵を描いていじめから逃れるほど、絵に秀でていた。高校卒業後、製菓会社で働くが、不慮の事故で漫画が描けなくなることを怖れてすぐに退社。安孫子素雄と二人で「藤子不二雄」として漫画家活動に入る。1988年にコンビ解散。作品に『オバケのQ太郎』『パーマン』『ドラえもん』など。

ドラえもんがいてくれる幸せ

国民的、いや世界的漫画『ドラえもん』の一節です。

映画版以降、急に逞しくなったようにも見えますが、本来ののび太は自信がなく、スネ夫以上に世を拗ねていました。たしかに何をやってもうまくいかず、いじめられてもいましたが、最大の問題は、怠惰と意志の弱さでした。ドラえもんはそれをなおし、独り立ちさせるために未来からやってきたのです。ひみつ道具でのび太の失敗をカバーしたり困難を回避させたりするためではありませんでした。

のび太はズルをしようとしますが、幸い（？）、製造工程でネジが一本はずれてしまったドラえもんも、しばしば失敗します。おかげでなかなか楽ができないのび太が生きる辛さを口にするのですが、ドラえもんも慣れっこになって答えます。

でも、ドラえもんの存在価値は、道具よりなにより、こうやってのび太の愚痴を軽くいなしてくれるところにあるでしょう。もしドラえもんがいなければ、のび太のこの孤独な呟きは、積もり積もって現実化してしまったかもしれません。

誰しも疲れ果ててしまってこう呟きたくなることはあるでしょう。そのときに軽くいなしてくれる相手がもしいるなら、それはほんとうに貴重なことです。

江戸川乱歩

1894-1965 没年70歳

たとえ、
どんなすばらしいものにでも
二度とこの世に
生れ替って来るのはごめんです。

『探偵小説四十年』より

作家。本名は平井太郎。筆名は、米国の小説家エドガー・アラン・ポーをもじった。早稲田大学政治経済学部卒業後、貿易会社、古本商、蕎麦屋、新聞記者など職を転々とし、『二銭銅貨』でデビュー。日本の近代的な推理小説の礎を築き、「大乱歩」と呼ばれた。主な小説に『人間椅子』『怪人二十面相』シリーズ、評論に『幻影城』など。

華やかな作家のどうしようもない厭世観（えんせいかん）

今でも多くの読者を持つ江戸川乱歩は、普通は死後に出される全集が、なんと生前だけで四度も出されたほどの人気作家でした。しかし、このことばに見られる厭世気分はどうしたことでしょう。

28歳でのデビュー以来、戦争などの外的要因とスランプなどの内的要因により、書ける時期と書けない時期を幾度も繰り返した乱歩でしたが、不思議と書ける時期の方が暗く厭世的で、書けない時期の方が明るく過ごしたと言われています。

それは、書くにあたって溢れる創作意欲に突き動かされていたわけではなかったからです。その人気ゆえにさばききれないほどの注文が殺到し、「書きたい」というより「書かねばならない」日々が続きました。あるときには、結末を考えないまま雑誌連載をはじめた推理小説を完結させることができず、連載はやむなく中断、誌上で読者に謝罪をしなければなりませんでした。『悪霊』はこうして未完に終わりました。

しかし生活のために、自分ではつまらないと思う小説を編集者に書かされるなかで、こう思います。「結局、妥協したのである。もともと生きるとは妥協することである」。

これではたしかに「二度とこの世」は「ごめんです」ともなるでしょう。

向田邦子

1929-1981 没年51歳

物がおいしい間は、死んじゃつまりませんよ。

『寺内貫太郎一家』より

脚本家、作家。東京世田谷に生まれるが、父が転勤族だったため、日本各地を転々とする。実践女子専門学校を卒業後、編集者となるも、自ら脚本を書きはじめ、ラジオやテレビで活躍。45歳の時に乳癌から復活するが、飛行機事故で生涯を終えた。脚本に『寺内貫太郎一家』、小説に『思い出トランプ』、随筆に『父の詫び状』など。

「つまらない」から死なないほうがいい

脚本家というのは縁の下の力持ちで、俳優や監督に比べて日陰の存在になりがちですが、向田邦子は例外的に有名です。このことばはテレビドラマにもなった『寺内貫太郎一家』の中のセリフですが、小林亜聖、樹木希林、西城秀樹らの顔がすぐ浮かぶとともに、作者・向田邦子の名前もすぐに出てくるでしょう。

それは、彼女が脚本だけでなく、小説では直木賞をとり、エッセイでも人気を集めていたからかもしれません。あるいは、飛行機事故で亡くなるという非業の死がニュースになったからかもしれません。ただ、いずれにせよ彼女が愛される最大の理由は、作品に通底する安心感でしょう。今なら貫太郎は立派なDV親父でしょうが、それでも家族を完全に決裂させはしない愛情とユーモアが寺内家にはありました。この名言もその一つで、失敗ばかりで家族に迷惑をかけ、消え入りたいばかりの気持ちでいたおばあちゃんに投げかけられたことばです。

向田邦子自身、妹と一緒に小料理屋を出すほど食にこだわっていたことからすると、これは辛い時期の自分自身の述懐でもあったでしょう。おいしいものに数々出会っただろう台湾取材での飛行機事故による死は、無念だったに違いありません。

柳田國男

1875-1962 没年87歳

魂になつてもなほ
生涯の地に留まる
といふ想像は、
自分も日本人である故か、
私には至極楽しく感じられる。

『魂の行くへ』より

民俗学者。自身が体験した飢饉、見聞きした庶民の暮らしや間引き慣習の悲惨さを思い、「経世済民の学」を志向、東京帝国大学法科大学で農政学を学ぶ。のち官僚として貴族院書記官長に昇るが辞任して、朝日新聞社客員として各地を巡り、口承伝承を集め、日本民俗学を打ち立てる。著書に『遠野物語』『先祖の話』『海上の道』など。

魂の居場所がありますように

毎年お盆になるとあの世からご先祖様が帰ってくるという感覚すら、すでに薄れつつあるでしょう。ならば、ご先祖様の魂が家にずっと住み着いているという感覚は、なおのこと過去のものとなったのではないでしょうか。

1928年生まれの作家馬場あき子が、一人で古い家に暮らす叔母に寂しくないのかと尋ねたところ、ご先祖様がいっぱいいるから安心なのだと答えたという話を書いていますが（『山羊小母たちの時間』）、現代のタワーマンションの一室でご先祖様の霊がうようよしていると言われたら、安心どころか怖くて買い手がつかないでしょう。

日本の民俗学の祖である柳田國男は、そもそも急速な近代化によって失われてゆく日本の古層をなんとか書き留めようとして、民俗学を興したのでした。名言はこう続きます。「出来るものならば、いつでも此国に居たい。さうして一つの文化のもう少し美しく展開し、一つの学問のもう少し世の中に寄与するやうになることを、どこかささやかな丘の上からでも、見守っていたいものだと思ふ」。

ですが、ささやかな丘も開発せずにおかない今の日本に、彼が見守ってくれる場所が果たしてあるでしょうか。

宮本武蔵

1584-1645 没年61歳

道においては死をいとわず思う

『独行道』より

武道家。幼少から剣術を学び、吉岡一門他、諸流の兵法者と生涯で六十余度戦い、一敗たりともしなかったと言われる。有名な「巌流島の決闘」で佐々木小次郎に勝利し、剣豪として名を全国に轟かせた。大坂の陣や島原の乱にも参戦。晩年、書画や彫刻等にも才能を発揮、優れた作品を残す。著書に『五輪書』など。

あなたの「道」はどこにある？

これは、宮本武蔵が晩年に高弟に宛てたとされる『独行道二十一箇条』という心得のうちの一つです。武蔵の言う「道」とはまずは武道なので、この名言は「戦いの道を選ぶ以上、それが死と隣り合わせであることを覚悟せよ」と解釈するのが自然です。

しかし、「何事であれ、一つのものをまっすぐに追い求めるときには、命を賭けよ」という一般論として読みかえてもあながち間違いではないのではないでしょうか。

『独行道』のなかから、生き死にに関わるものを他にいくつか拾い出してみましょう。

・何れの道にも別れをかなしまず〈どの道においても必ず来る別れを悲しまない〉
・末々代物なる古き道具所持せず〈子孫に残そうという骨董品などは持たない〉
・老身に財宝所領もちうる心なし〈死に行く老体にはどんな所有物もいらない〉
・仏神は貴し、仏神をたのまず〈仏神は崇信するが、その加護には頼らない〉
・身を捨てても、名利はすてず〈命は犠牲にしても、名誉は重んじる〉

人が実際に死に間近に接するのは、ほんとうに死ぬときを含めて、せいぜい一、二度でしょうが、武蔵は何度となく死地を潜り抜けました。だからこそ、彼の死に対する思想は俗人の及ばぬ深いものがあると言えます。

岡潔

1901-1978 没年76歳

まだしたいことが
いっぱいあるから
死にたくない。
だけど、もうあかん。
明日あたり死んでるだろうな。

『岡潔　数学を志す人に』より

数学者。京都帝国大学卒業と同時に講師に就任、以降、広島文理科大、北大、奈良女子大の教壇に立つ。多変数解析関数論において世界中の数学者が挫折した「三つの大問題」を一人ですべて解決した。日本数学史上最大の数学者と言われる。随筆もよくし、著書に『春宵十話』『日本のこころ』『情緒の教育』『情緒と日本人』など。

人生の残り時間は計算できない

死の前日のことばだそうです。死を目前にして同様の思いを抱く人は少なくないでしょうが、それまでにあまたの偉業を成し遂げた世界的大数学者にしてもこうでした。

多変数複素関数論という分野を開拓し、あまりの業績の多さに西欧の学者からは「Kiyoshi Oka」は個人でなくグループ名だと疑われたそうです。さらには『春宵十話』などの名文でエッセイストとしても知られています。数学を「おのれの情緒を外部に表出する学問芸術」と言い、古歌を論じ、日本の将来を憂えました。

しかし奇行でも知られ、散歩の途中突然道にしゃがみ込んでそのまま何時間も道に数式を書き続けた、などというのは数学者ならまだありうるとしても、それが高じて最後には家も土地も売り払い、村人の厚意で物置小屋に一家五人で住まわせてもらいながら研究を続けたというエピソードまであります。存命中の1961年には彼をモデルにした『好人好日』という映画まで作られ、笠智衆（りゅうちしゅう）がその役を演じました。

それほどの数学者でも自分の人生の残り時間についてばかりは計算ミスをしたようです。「明日あたり死んでるだろうな」に続けて「計算ちごた」と言ったとも伝えられています。ただそれでも、最後までやりたいことを持てた人生は幸せに見えます。

18/100

森茉莉

1903-1987 没年84歳

人間の寿命というものは分(わか)るものではない。

『父の帽子』より

作家。森鷗外が40歳のときに生まれた長女。鷗外に溺愛され、何不自由なく育つ。高校卒業後すぐに結婚し、男子二人を出産するが、夫の遊蕩により離婚。その間に鷗外と死別。のち再婚するも、一年足らずで離婚。鷗外の印税も切れ、一人暮らしを支えるために執筆活動に入る。小説に『枯葉の寝床』、エッセイに『贅沢貧乏』など。

医師でさえ死期を見誤る

これは、5歳の森茉莉が百日咳で死に瀕していた時に、母方の祖父が放ったことばです。その時の緊迫した状況を、茉莉自身の筆で追ってみましょう。

《母は蒼い顔で祖父を見上げて言った。「末里（＝茉莉）を楽にして戴こうと思います。注射で」「馬鹿ッ」破れるような声が頭の上から落ちた。母親と父親とは同時に祖父の顔を仰いだ。「何を言う。人間の寿命というものは分るものではない。末里にまだ寿命があったらどうする」祖父は医者の方を睨みながら、気がついたように坐った。袴の両脇に差込む祖父の手が、ぶるぶると顫えている。（中略）その日から三日経った夜、子供の病気は奇蹟的に好転したのである》。

この直前に、弟・不律が同じ百日咳で苦しんだ末、生後半年で亡くなっていました。同じように苦しむ茉莉を見て、母も、医者であった父・森鷗外ですらも、安楽死を受け入れざるを得ないと覚悟したのでしょう。

ですが、母の父で大審院判事だった荒木博臣はそれを一喝します。医学の点では素人の祖父の言うことの方が結果的には正しかったのは、人生経験の深さゆえだったかもしれません。おかげで茉莉は84歳で亡くなるまで健筆を揮うことができました。

日野原重明

1911-2017 没年105歳

命を使うと書いて「使命」といいます。使命のある限り、生きる意味がある

『生きていくあなたへ』より

医師。京都帝国大学医学部を卒業後、大日本帝国海軍軍医少尉等を経て、聖路加看護大学学長、聖路加国際病院院長などを歴任。その間、よど号ハイジャック事件のときは人質の一人となり、オウム真理教による地下鉄サリン事件の際には、聖路加病院の院長として被害者の治療にあたった。

「習慣」がすべてを変える

105歳という天寿を全うした日野原重明の人生は、しかしけっして平坦なものではありませんでした。よど号ハイジャック事件で人質になったときには、他の乗客の健康を気遣い、地下鉄サリン事件に際しては、聖路加病院の院長として、外来診療などの日常業務をすぐに一時停止して病院を開放し、六百名以上の被害者の治療にあたりました。人質となるまでは自身の医師としての名声を追い求めていたものの、それ以後、生きていることの意味を噛み締めるようになった、と述懐しています。

では、名言にあるような「使命」は、どのように見出すことができるのでしょうか。日野原はまた、「最期に自分の生涯を顧みて、自らが生まれてこうなったことは意味があると考えられるように、今日を生きることである」とも語りました。自分の人生の終点を想像し、そこから遡って今日一日をどう生きるかを考えよ、ということです。

そしてその日々の積み重ねの結果が生涯の最期に出る。日野原は習慣が人を変えることをよく知っていました。ちなみに「習慣病」という語は彼の命名によるものです。日野原はたしかに、使命感をもって一日一日を生き、多くの人に感謝されつつ、意味ある生を閉じました。

大田蜀山人（おおたしょくさんじん）

1749-1823 没年74歳

今までは
人のことだと
思ふたに
俺が死ぬとは
こいつはたまらん

辞世

狂歌師。また南畝（なんぽ）とも号す。幕臣であったが、平賀源内に認められ、狂歌、狂詩、黄表紙、洒落本、随筆など各方面で文名を上げた。特に狂歌作者として有名だが、松平定信の時代には狂歌界などから離れ、正統的な詩文を書き、晩年には江戸の代表的な知識人として認知された。著書に『寝惚先生文集』『一話一言』など。

辞世で人を笑わせる

さすが狂歌の名人、蜀山人だけあってなんとも滑稽な辞世です。第2章で紹介する紀貫之（98ページ）の反省がまったく生きていません。

蜀山人大田南畝（しょくさんじんおおたなんぽ）は身分の低い幕臣でしたが、学問に励み、多様な分野の著述を発表します。世は重商主義の田沼時代。搾取され疲弊する農村を背景に、都市部では文化が爛熟します。その波に乗って次々と著作を発表する一方で、役人としても少しずつ出世し、公私ともに充実した生活を送りますが、田沼意次は失脚。幕政の後を継いだ松平定信は、一転して緊縮財政と風紀取り締まりへと舵を切ります。寛政の改革です。

三十代後半だった蜀山人は、そこで狂歌の筆をふっつりと擱（お）きます。というのは、当時、「文武」を奨励する寛政の改革を諷刺した、「世の中に蚊ほどうるさきものはなしぶんぶといひて夜もねられず」という狂歌が庶民に受け、その作者だと疑われたからです。幕政批判をしたとなれば、ただでは済みません。もちろん否定しましたが、その後は鳴りをひそめ、役人としての生き方に重点を置きます。

とはいえ、諧謔（かいぎゃく）の精神は死ぬ直前まで衰えていませんでした。辞世までこうした狂歌で人を笑わせました。

夏目漱石

1867-1916 没年49歳

借りた金を返す事を
考へないものは
幸福なる如く、
死ぬ事を苦にせぬものは
幸福である

『漱石全集』より

作家。東京大学英文科卒業後、松山中学校、第五高等学校で教え、イギリス留学を経て第一高等学校、東大の教壇に立った。高浜虚子のすすめで『吾輩は猫である』などを執筆後、教壇を離れ、朝日新聞社に入社して創作に専念した。他の作品に『虞美人草』『三四郎』『それから』『門』『こころ』『明暗』など。

「死」の経験が、死生観を変えた

もちろん皮肉だろうと思います。借金したことを忘れていたからと言って、その間はたしかに悩むことなく幸せと言えるかもしれませんが、おそらく貸した方は絶対に忘れないでしょう。取り立てに来られたときに大慌てすることになります。

同様に、たとえ自分の死を忘れて暮らしていたとしても、いつかは必ず死神が迎えにやってきます。何も考えていなければ、動じずに死を受け入れることは不可能でしょう。そのときになって驚いたり悔やんだり嘆いたりすることは目に見えています。

夏目漱石は、43歳のときに死に瀕します。いわゆる「修善寺の大患」で、胃を患って宿で療養していた最中、突然大量の血を吐いて危篤状態に陥り、息を吹き返したときには、自分が「三十分の死」を経験したと考えました。ここで大きく人生観が変わった、と言っています。翌年には、まだ1歳だった娘が突然死してしまいます。

初期の『虞美人草』では「死とはあまりに無能である」と言っていましたが、後期の作品では、たとえば『こころ』に明らかなように、死が人生に与える大きな影響を描いています。修善寺の大患から六年、49歳でその長いとは言えない生涯を閉じるまでに、死について考える時間は十分にあったでしょう。

正岡子規

1867-1902 没年34歳

悟りといふ事は
如何なる場合にも平気で死ぬる事かと
思つて居たのは間違ひで、
悟りといふ事は如何なる場合にも
平気で生きて居る事であつた。

『病牀六尺』より

俳人・歌人。東京帝国大学国文科中退後、日本新聞社に入り、日清戦争の従軍記者となるも、喀血(かっけつ)して帰国。松山中学の教師をしていた旧友夏目漱石の許(もと)にしばらく身を寄せる。絵画における「写生」を援用し、俳句と短歌の革新を試みる。長い病床生活のなかで、『歌よみに与ふる書』『病牀六尺』『仰臥漫録』などを執筆。

壮絶な闘病生活の末に至った悟り

正岡子規は、「打者」「走者」「四球」「直球」などの訳語を案出し、野球を日本に広めたスポーツマンでした。「まり投げて見たき広場や春の草」は、病に倒れ、喀血（かっけつ）した翌年の句です。のどかな春の光景に無念の思いが滲み出ています。わずか三十四年の生涯で、短歌と俳句の分野で非常に大きな影響を後々まで与えました。

喀血の原因が当時死病であった結核だと知った子規は、残された時間でできることをと考えて、大学を中退し、日本新聞社に入ります。この頃もしかすると既に、「いかなる場合でも平気で死ねる」という「悟り」に達していたのかもしれません。

しかし、記者として従軍した日清戦争で病状を一気に悪化させ、帰国とともに入院。故郷の松山に帰り、当時たまたま松山中学に赴任していた夏目漱石の下宿で静養します。その後ふたたび上京しますが、病は重る一方で、とうとう歩くこともできなくなります。最後の三年間は座ることすらできず、寝返りすら苦しいなかで、それでも著作をつづけ、弟子たちの指導をします。そして体を起こすこともかなわない状況をつづけた末に、この境地に達しました。「どんなに苦しくても平気で生きることこそ悟りである」と。このことばを残して三か月後に子規は世を去りました。

遠藤周作

1923-1996 没年73歳

違った型の血液を送りこまれれば
人間は死んでしまうように、
違った型の精神を注入された者が
砕かれぬ筈はない。

『愛と人生をめぐる断想』より

慶応義塾大学仏文科卒業後、フランスに留学し、リヨン大学で現代カトリック文学を研究。『白い人』で芥川賞を受賞。吉行淳之介、安岡章太郎らとともに「第三の新人」と呼ばれる。日本の精神風土とキリスト教との相克をテーマにした多くの作品を書く一方、ユーモア溢れるエッセイも書いた。著作に『海と毒薬』『沈黙』など。

輸血も人付き合いも無理は禁物

型の違う輸血の場合と違って、異なる型の精神を無理強いされる場合は、それに耐えて生きていかねばならないぶん、肉体の死よりもよけい苦しいかもしれません。

この問題は、とりもなおさず彼の代表作の一つ、『沈黙』で追究されていました。切支丹（キリシタン）に課せられた「絵踏み」の問題です。踏絵に足を置くということは、まさしく「違った型の精神」に屈して生きていくことを意味しました。

もしあなたがどうしようもない生きづらさを感じているなら、それは気づかぬうちに自分とは「違った型の精神を注入され」ようとしているからかもしれません。そのまま注入量が増えれば、ほんとうに死ぬことさえありえます。

とはいえ、他者の考えをすべて拒否しろというのではありません。遠藤は、自己分析を勧めています。「我々は自分が選んだ者によって苦しまされたり、相手との対立で自分を少しずつ発見していくものだ」と。つまり、自己を発見するためにはまず他者と出会うことが必要で、そこでの対立を通じてはじめて自分自身の精神の「型」も見えてくるということでしょう。精神的な生きづらさが肉体をも殺してしまう前に、自分や他者が考え方のどういう「型」を持っているのかを分析してみることが必要です。

林京子

1930-2017 没年86歳

生き残って三十年、ただ生きてきただけのごたる気のする。

『空罐』より

14歳まで上海で育つが、帰国後、長崎高等女学校三年の時に生地の長崎で被爆。爆心地近くにいたが、奇跡的に生き延びた。結婚・出産を経験したのち、息子の成長に促されて被爆体験を書きはじめ、デビュー作『祭りの場』で芥川賞を受賞。以後「原爆の語り部」として『ギヤマン ビードロ』『三界の家』など多くの作品を著した。

原爆には終わりがない

1945年8月9日11時2分、広島に次いで長崎に二つめの原子爆弾が落とされました。長崎高等女学校の三年生だった林京子は、爆心地に近い場所にいたものの奇跡的に助かりました。林が自己の体験を作品として発表しはじめたのは、1975年、被爆から実に三十年も経ってからのこと。どう表現していいか悩んだのでしょう。

このことばは、『空罐』という短編の一節で、生き残ったN高女の同級生たちが集まったときの話です。来るはずだったのに姿を見せなかったきぬ子に関する回想がはじまります。原爆により孤児となったきぬ子は、空罐に両親の遺骨を入れて登校していました。成人して小学校の教師になりましたが、四十を過ぎて、被爆したときに体内に残ったガラス片が痛みはじめました。「被爆は一日だが、人間の精神と肉体の中ではずっと続いている」。

「ただ生きてきただけ」という、同級生の一人の口からもれたことばも、生き残った喜びよりも、その後の生の困難を語っているでしょう。

林は、『ギヤマン　ビードロ』で文部大臣新人賞を打診されますが、国からの賞は受けられないと辞退しました。

樹木希林

1943-2018 没年75歳

だって死ぬときはね、
「お世話様でした、
とても面白かったです、
納得いきました、ウフフフ……」
って言いたい欲はあるの。

『一切なりゆき』より

俳優。文学座付属演劇研究所の第一期生。杉村春子の付き人を経て、テレビドラマ『七人の孫』で頭角を現す。以降、『時間ですよ』『寺内貫太郎一家』で演技派としての地位を確立。映画『東京タワー　オカンとボクと、時々、オトン』『わが母の記』の二作で日本アカデミー賞最優秀主演女優賞など、出演作多数。

あなたの「納得」はどこですか？

自らの退き際について、樹木希林が語った一節です。

２０１３年に全身を癌に侵されていることを公にしてから亡くなるまで五年。その間、さぞかし自らの人生や死について思うところもあったでしょう。そこからたくさんのよいことばを遺しました。

・「人は死ぬ」と実感できれば、しっかり生きられる
・人生なんて自分の思い描いた通りにならなくて当たり前
・生きるのに精いっぱいという人が、だいたい見事な人生を送りますね
・失敗したらね、そこからスタートなの。あんまり深く考えない
・やり残したことなんて、死んでみないとわからないですよ
・「いつかは死ぬ」じゃなくて「いつでも死ぬ」という感覚なんです

いかがでしょうか。彼女のことばをただいくつか並べてみました。あえて解説めいたことはなにも言いません。「えっ、私の話で救われる人がいるって？　それは依存症というものよ、あなた。自分で考えてよ」と、彼女自身が語っているからです。どうぞここから色々と考えてみてください。

死の名言

第 2 章

はかない

中島敦

1909-1942 没年33歳

人生は何事をも為さぬには余りに長いが、何事かを為すには余りに短い。

『山月記』より

作家。『山月記』のほか『李陵』『名人伝』など中国の古典を基にした作品が多いのは、祖父が儒学者、父が漢学者という家に生まれた影響だろうが、敦自身は第一高等学校から東京帝国大学国文科に進んだ。英語も堪能で、横浜高等女学校の教員として、国語ばかりではなく英語も教え、生徒に人気だったという。

とにかく時間が足りない

高校国語教科書の定番、『山月記』の一節です。詩人を夢見た小役人・李徴が、夢破れてなぜか虎になるというあの話です。変身の不思議さに目を奪われがちですが、この作品には「人生」において「何事かを為す」という重要なテーマがありました。

1歳のときに両親が離婚し、父方の家で育てられますが、5歳のときに父が再婚、その後、14歳で継母を亡くし、さらに新たな継母を迎えることになります。旧制中学の教員だった父の転勤に伴い、日本各地ばかりか朝鮮まで連れ回され、落ち着かない少年期を過ごします。そのためか、中島文学には「母」や「故郷」といった過去を顧みる作品がほとんどありません。その代わりに、ひりつくような将来への焦燥が『山月記』には描かれています。すくなくとも中島敦は「何事をも為さぬ人生」をぼーっと生きるよりは、「何事かを為す」熱意に溢れていたのでしょう。

しかし、持病の気管支喘息のため、教師を辞めて暖かい土地を求めてパラオに渡ったものの、かえって病を悪化させ帰国。ちょうどその年の初めに『山月記』が『文學界』に載って文壇デビューを飾り、いよいよ作家として道が開け……というところで力尽きました。わずか33歳でした。『山月記』のこのことばが胸に刺さります。

三島由紀夫

1925-1970 没年45歳

一等美しいときに
自殺してしまえば
いいんです。

『鏡子の家』より

作家。祖父の代からの官僚の家に生まれ、自身も学習院から東京帝国大学を経て大蔵省に進むが、一年で辞めて職業作家となる。同性愛に悩む主人公を描いた『仮面の告白』で文壇デビューし、『金閣寺』などの小説、『近代能楽集』『サド侯爵夫人』などの戯曲に健筆を揮う。自作を映画化した『憂国』に出演し、切腹シーンを披露した。

筋肉がすべてを解決するわけではない

『鏡子の家』という小説の中のセリフですが、この前には、「そんなに筋肉が大切なら、年をとらないうちに」という条件がついていました。決して筋肉美を小馬鹿にしているわけではありません。

三島由紀夫は、部屋に籠りっきりで小説を書き、怒った父親にそれを引き裂かれるような早熟で虚弱なインドア派の文学青年でしたが、同時に自身の肉体的ひ弱さを憎んでもいました。子どもの頃のあだ名は「アオジロ」です。20歳で徴兵されますが、入隊検査の時にひいていた風邪を肺浸潤と診断され、即日帰郷。入隊するはずだった部隊がフィリピンでほぼ全滅したのを知り、その後の人生に影を落としたのです。

若くして華やかなデビューを飾り、旺盛な執筆活動で注目される一方、三十代でボディビルに目覚めます。ストイックな鍛錬を続け、それを見せびらかすように自作の映画に出演し、写真集を出版します。しかし、たとえば映画『憂国』では切腹、写真集『薔薇刑』では殉教と、その鍛え上げられた肉体には死のイメージがまつわりついていました。私設軍「楯の会」の制服に身を包み、自衛隊の市ヶ谷駐屯地に殴り込んで割腹自殺を遂げたのは、自らのことばを証明するためだったのかもしれません。

芥川龍之介

1892-1927 没年35歳

人生は一箱のマッチに似ている。

『侏儒の言葉』より

作家。生後間もなく母が精神を病み、母の実家芥川家で育てられ、幼少年期を下町で過ごす。養家は代々お数寄屋坊主を務め、龍之介に文人趣味を伝えた。東京帝国大学英文科在学中に第三次、第四次『新思潮』を発行。後者の創刊号に「鼻」を発表して夏目漱石に認められた。他の作品に『羅生門』『藪の中』『秋』『戯作三昧』『河童』など。

芥川が残した謎

ぜひ謎かけとして考えてみてください。「人生とかけて、一箱のマッチと解く。そのこころは？」芥川の答えはこうつづきます。「重大に扱うのはばかばかしい。重大に扱わねば危険である」。思わず座布団をあげたくなるのは私だけでしょうか。こんなちっぽけなもの、と思いつつも持て余してしまうのが自分の人生というものです。

ただ、こういうあまりに気の利いた警句は、いささか鼻につくというか、真剣味が感じられないと思うかもしれません。「あらゆる神の属性中、最も神のために同情するのは神には自殺の出来ないことである」などというのもそうでしょう。

しかし、気取った知的な戯れとも見えることばの裏に、芥川は自身の死への傾斜を隠していました。「自然はこういう僕にはいつもよりもいっそう美しい。君は自然の美しいのを愛し、しかも自殺しようとする僕の矛盾を笑うであろう。けれども自然の美しいのは僕の末期の目に映るからである」というのは『或旧友へ送る手紙』という作品の一節ですが、芥川自身の思いでもあったようです。結局のちに、「ただぼんやりした不安」ということばを遺書に残して服毒死しました。彼の死は周囲にも、またのちに文学を志す人たちにも大きな影響を与えました。この謎かけは解けていません。

川端康成

1899-1972 没年72歳

いかに現世を厭離するとも、
自殺はさとりの姿ではない。
いかに徳行高くとも、
自殺者は大聖の域に遠い。

『末期の眼』より

作家。東京帝国大学国文学科卒業。在学中に、第六次『新思潮』の発刊に加わる。横光利一らとともに『文芸時代』を創刊。新感覚派作家として独自の文学を貫いた。1968年に日本で初めてのノーベル文学賞に輝くが、四年後に逗子の仕事部屋で自死。主要作品に『伊豆の踊子』『雪国』『古都』『山の音』など。

自殺を忌みながら自殺を遂げた作家の矛盾

川端康成は、このことばを見るかぎりは自殺否定論者でした。

物心つく前に両親をともに亡くし、育ての親だった祖母と祖父もそれぞれ、川端が小学校に入る時と、中学三年の時に世を去ります。父は32歳、母は37歳、ともに結核で死にました。このため、両親の死んだ年齢までに自分も死ぬだろうという恐怖と、「孤児の感情」と自ら呼ぶところの孤独感に苛まれながら子ども時代を過ごします。自殺を忌むのも、そういうところからくるのかもしれません。

この名言は、『末期の眼』というエッセイの一節ですが、タイトルは前掲の芥川龍之介の作品からとられています。さまざまな作家たちの死をめぐり、川端自身の芸術観・死生観が披露されています。芥川については、「その美しい自殺は、われわれの胸を稲妻のやうに貫いた」と述べつつも、自殺する者の心理を細やかに描いた『或旧友へ送る手紙』には手厳しく、「芥川氏の死の汚点」とまで言っています。芥川自身の自殺ばかりでなく、死の不可解さをことばで安易に分析する態度を嫌ったのでしょう。

しかし、小さな頃から死の影に怯え自殺を戒めたその川端が、功成（こうな）り名を遂げたあとで自殺したのは不可解です。遺書もなく、その原因は未だに謎に包まれています。

柳原白蓮（やなぎはらびゃくれん）

1885-1967 没年81歳

ともすれば
死ぬことなどを言ひ給ふ
恋もつ人の
ねたましきかな

〈どうかすると
恋ゆえに死ぬことを口にする友が
妬ましいものだ〉

『踏絵』より

歌人。伯爵柳原前光（やなぎはらさきみつ）と柳橋芸者との間に生まれる。15歳で遠縁の北小路家の長男と結婚、出産。夫には知的障害があったと言われ、暴力もふるわれて逃げ帰るように離婚。その後、25歳で当時50歳の伊藤伝右衛門に嫁がされるが、7歳下の宮崎龍介と出奔。のち終戦の四日前に学徒出陣の息子を亡くし、平和運動に専心する。

死にたがる友さえ妬む、満たされなさ

いわゆる「白蓮事件」を知る者には、一見不思議に思える歌でしょう。25歳の時に50歳の九州の炭鉱王と政略結婚させられた柳原燁子、筆名白蓮は、36歳の時に7歳年下の編集者と駆け落ちをしました。当時あった姦通罪を犯してまで恋に生きることを選んだ白蓮が、〈恋をしている人が妬ましい〉とは一体どういうことでしょう？

平民であった二番目の夫・伊藤伝右衛門からすれば、大正天皇の従妹にあたり、のちに大正三美人の一人と呼ばれる白蓮は大層な〝トロフィーワイフ〟でした。にもかかわらず、結婚後も家では伝右衛門の妾が女中頭としてひきつづき君臨し、さらに伝右衛門は遊郭でもらってきたであろう性病を燁子にうつします。

白蓮の名で第一歌集『踏絵』を出したのは、そんな生活の四年目のこと。二度の結婚を経ても、まだ恋といえるような恋をしたことはなかったのかもしれません。

二度にわたる不幸な結婚生活の中で、きっと「死」を思ったことも一度ならずあったでしょう。しかしそれは、「恋もつ人」の語る「死ぬこと」とは「死」の中身が違います。好きでもない男に添わされる苦しみと、愛する相手と添い遂げられない苦しみとはまったく逆です。このときの白蓮は前者を味わいつつ後者を希求していたのです。

有島武郎

1878-1923 没年45歳

愛の前に
死がかくまで
無力なものだとは
此瞬間まで
思はなかつた。

遺書

作家。学習院から札幌農学校に学び、内村鑑三の感化でキリスト教に入信。アメリカに留学し、ホイットマンなどの影響を受けた。武者小路実篤、志賀直哉らと雑誌『白樺』に参加。作家・里見弴、画家・有島生馬は実弟。軽井沢で人妻・波多野秋子と心中。主な作品に『カインの末裔』『或る女』、評論『惜しみなく愛は奪う』など。

愛の重み

有島武郎の遺書にあったことばです。

有島は学生時代に洗礼を受けました。しかし、キリスト教は「惜しみなく与える」のが「愛」だと説くものの、現実の「愛」は要求するもの、ついには相手のすべてを奪って自分のものにしたいと思うことではないのか、と考えるに至ります。のちにキリスト教を離れ、『惜しみなく愛は奪う』という背教的なタイトルの評論を書きました。

といっても、人道主義を捨てたわけではありません。大地主だった父から継いだ北海道の土地を、すべて小作人たちに無償で解放します。やはり小作解放を試みたロシアの作家、トルストイに倣ったのかもしれません。ただ、トルストイがあくまでキリスト教の中に救いを求めたのに対し、有島は宗教を離れて人道主義だけ求めました。

小作解放の翌年、有島は女性編集者・波多野秋子と恋に落ちます。有島は五年以上前に妻を結核で亡くしていましたが、秋子は人妻でした。二人の関係を怪しんだ秋子の夫は、有島を脅迫します。そして二人は、有島の別荘で首を吊って心中するのです。

はたしてこれは遺書のとおり「愛の前に死が……無力」であることの証明になるのか、それとも愛はお互いから命さえも「惜しみなく……奪」ったのでしょうか。

小林秀雄

1902-1983 没年80歳

自分も若い日に
死のうと思ったことがある。
だが自分は死ねない
ということを学んだ。
僕の生命は僕の所有では
ないからである。

鈴木重信『小林秀雄先生の死生観』より

評論家。東京帝国大学仏文科卒業。雑誌『改造』の懸賞で第二席に選ばれた評論『様々なる意匠』でデビュー。『アシルと亀の子』などで地歩を築き、プロレタリア文学や私小説を批判する一方、批評の対象を美術や音楽にも広げ、日本における本格的な近代批評の道を開いた。著書に『様々なる意匠』『モオツアルト』『本居宣長』など。

死ぬ人と、とどまる人は何が違う？

評論家として知られている小林秀雄ですが、若い頃は創作にも手を出していました。「死のうと思った」「若い日」が具体的にいつのことかはわかりませんが、第一高等学校時代には、神経を病んで休学をしています。

思春期には誰しも一、二度は自らの死について考えるのかもしれませんが、しかし幸いなことに、大抵はたんなる一つの感傷として終わってしまいます。それにひきかえ、「自分は死ねない」と意識したということは、この「死のう」という思いはたんなる感傷でなく、かなり切実なものだったということになります。

何が小林を死に誘い、何が踏みとどまらせたのかはわかりません。若い文学仲間たちが次々と死んでいったのを目にしていた頃かもしれません。中学時代から親しかった富永太郎は24歳で死に、5歳下の中原中也は30歳で死にました。中也の臨終に際して、小林は勤めていた大学を一週間休んで、病床につきそったと言います。多くの場合、自分の死について深く考えるきっかけになるのは、近しい人の死です。小林も、夭逝した仲間の分まで自分が生きなければならない、自分の命は彼らのものでもある、と思ったのかもしれません。

中原中也

1907-1937 没年30歳

汚れつちまつた悲しみは
倦怠のうちに死を夢む

『汚れつちまつた悲しみに……』より

詩人。東京外国語学校専修科仏語部卒業後、自らの詩作を続けつつ、『ランボオ詩集』の翻訳を出版。翌年には第一詩集『山羊の歌』も上梓。親友の小林秀雄が編集責任を務める『文學界』に寄稿を続けるが、生活は貧しく、長男を結核で失い、翌年自身も病死した。死後、第二詩集『在りし日の歌』が友人たちの手によって出版される。

悲しみは汚れる

短い生涯に三百五十編ほどの詩を残した中原中也の作品の中でも、この『汚れつちまつた悲しみに……』は最も有名と言ってよいものでしょう。

それにしても「悲しみ」が「汚れ」るとどうして「死」と結びつくのでしょうか。〈悲しみが汚れる〉というのはあまり一般的な表現ではありませんが、純粋な悲しみを汚すものとは、たとえばなんらかの打算が働くことを意味しているでしょう。心から純粋に悲しむのでなく、それにより自分を利することをもくろむような。

中也は8歳のときに弟を脳膜炎で亡くし、「亡くなった弟を歌ったのがそもそもの（詩作の）最初であった」と述べています。純粋な悲しみが詩を書かせました。ただし、そこに虚栄や金銭欲が芽生えたときに、「悲しみ」は純粋さを失いかねません。

中也はどこまでも詩に対して潔癖でした。「悲しみ」から生まれる「詩」が彼のすべてであり、定職に就かない息子を心配した母が、親戚のNHK理事に就職を斡旋してもらいますが、履歴書の履歴欄にただ「詩生活」とのみ書き、面接では「それ以外の履歴が私にとって意味があるのですか」とうそぶいて当然不採用となりました。詩作とその源泉としての悲しみが、金のための労働で汚されるのを嫌ったのでしょう。

藤村操

1886-1903 没年16歳

万有の真相は
唯だ一言にして悉す、
曰く「不可解」
我この恨みを懐いて煩悶、
終に死を決すに至る。

〈世の中の物事のすべては
結局「不可解」と言うしかなく、
その悩みゆえに死を決意した。〉

遺書

第一高等学校生。東洋史家那珂通世の甥。第一高等学校の文科一年生のとき、日光の華厳滝の上のみずならの木の皮を剝ぎ、そこに「巌頭之感」と題する遺書を彫りつけ、投身自殺した。当時の社会に強い衝撃を与え、多くの青年がこれに追随し、同所で自殺を図った。木に彫られた遺書は警察により削り取られ、のちに木そのものが伐採された。

死にたい理由なんて、わからない

八行にわたる有名な遺書、「巌頭之感」の中ほどの部分です。

日本初の「哲学的自殺」と言われ、その死の原因がさまざまに取り沙汰されてきましたが、真相は本人にもよくわからなかったのではないでしょうか。八十年近くたって藤村が死の直前に出していた恋文が発見されましたが、失恋だけが16歳の命を奪ったというのは単純にすぎます。おそらく藤村自身、「万有」の中でもとりわけ自分の心の「真相」の「不可解」に囚われ、その「煩悶」が彼を苦しめたのでしょう。

中学で飛び級して第一高等学校に進んでいたこの若きエリートの死はあちこちに大きな影響を与えます。この事件の少し前に、英語の授業で藤村を叱っていた夏目漱石は、自分のせいではないかとひどく気に病んだと伝えられています。影響を受けた若者たちも多く、その後、四年間で百八十五人が後を追ってここで自殺を図ります。

遺書の文句からとって「煩悶青年」と呼ばれる若者たちが溢れます。生まれによって職業の決まっていた江戸時代までと異なり、学歴や出世が奨励され、青年たちは生きる道を自分で選択しなければならなくなります。自分探しに煩悶する若者はここに端を発し、今にまでつづいているのです。

中島らも

1952-2004 没年52歳

大人にならずに死ぬなんて、
つまらんじゃないか。
せめて恋人を抱いて、
もうこのまま死んでもかまわないって
いうような夜があって。
天の一番高い所からこの世を
見おろすような一夜があって。
死ぬならそれからでいいじゃないか。

『今夜、すべてのバーで』より

作家。名門灘中学に好成績で入学するも、受験競争の路線からは逸早く抜け、酒や煙草に手を出す。一浪ののち、大阪芸術大学放送学科入学、卒業。印刷会社勤務、コピーライターを経て、作家に。小説、エッセイ、コントなど、幅広い分野で活躍した。小説に『今夜、すべてのバーで』『ガダラの豚』など。

死ぬのを「やめる」ではなく、「待つ」

一時期減りつつあった日本の自殺者の総数はまた増えるかもしれません。殊に若年層においては増えつづけてきました。若者の総数自体は減っているのですから、これは由々しき事態と言わなければなりません。

傷ついている人たちにかけるべきことばは非常に難しいものですが、たとえばこのことばを聞かせてもいいし、このことばを収めた『今夜、すべてのバーで』を貸してあげてもいい。自死を少なくともしばらくは見合わせる理由がここにはあります。

端的に言えば、〈死ぬのは、「もう死んでもいい」って思える日が来るまで待て〉、ということです。「もう死にたい」ではなく。そして年長者ならこうも付け加えられるでしょう。生きていれば必ず一度はそういう日がくる。そして「もう死んでもいい」と思えたら、逆にもう死にたくはなくなる、とも。

中島らも自身、双極性障害を患い、型破りな生活をしていました。アルコール依存に加え、大麻解禁論者で、大麻取締法で逮捕もされています。最期は酔って階段から落ち、そのまま帰らぬ人となりました。52歳はいかにも若いですが、少なくとも「大人」にはなって、「このまま死んでもかまわない」と思えた日もあったでしょう。

太宰治

1909-1948 没年38歳

人間は、
何か一つ触れてはならぬ
深い傷を背負って、
それでも、堪えて、
そ知らぬふりして
生きているのではないのか。

『火の鳥』より

作家。本名、津島修治。東京帝国大学仏文科中退。酒場の女性と鎌倉で心中を図り、自分だけ助かる。「逆行」が第一回芥川賞候補となり、第一創作集『晩年』を刊行。流行作家となり、『富岳百景』『斜陽』『津軽』『人間失格』などを残す。井伏鱒二の媒酌で結婚するが、他の女性との間にも子をもうけ、また別の女性と玉川上水で心中した。

曖昧で移ろいやすい生死の境

若いうちから何度も自殺未遂を繰り返し、最後に玉川上水で心中を遂げた太宰治。死にまつわることばもたくさん残しています。基本的には「深い傷」を抱えた悲痛なものが多いのですが、中には「トカトントン、自殺を考え、トカトントン」のような軽妙なものや、夏用の着物を人からもらったから死ぬのを夏まで延ばそうと思い直すなど、生と死の境をたゆたうようなものもあります。

こうした矛盾や二面性こそが太宰の特徴であり魅力なのでしょう。おどけた、明るい表面の裏に、実は決して癒えることのない「深い傷を背負って」生きている。この名言は、心中未遂をして自分だけ生き残った女性に、伯父が投げたことばです。

しかし、ならどうすればいいのか、ということは太宰は一切教えてくれません。自分も解けない問題だからこそ最後は死ぬしかなかったのでしょう。ただそれでも、彼の二面性は、程度の差こそあれ私たちの誰しもが抱えているものではないでしょうか。人前では必死で相手を楽しませ、別れた後に自殺を考える、と『桜桃』の主人公は言っていました。名言も、人間一般に共通するものとして語られています。太宰のことばを読むとき、自分が決して一人でないことに気づかせてもらえます。

中江兆民

1847-1901 没年54歳

一年半、（中略）
もし短（たん）といはんと欲せば、
十年も短なり、
五十年も短なり、
百年も短なり。

〈一年半が短いというなら、
十年でも五十年でも百年でも短いだろう。〉

『一年有半・続一年有半』より

思想家、政治家。長崎、江戸で仏語を学んだのち、フランス留学。帰国後、仏学塾を開く。東洋自由新聞を創刊し、主筆としてフランス流の自由民権論を唱える。藩閥政府の横暴を批判したため二年間の東京追放処分を受けるが、第一回衆議院議員選挙に当選。著作にルソー『社会契約論』の翻訳『民約訳解』、『三酔人経綸問答』など。

余命で何をするか

これはただの「一年半」ではありません。余命宣告でした。自分の命があと一年半しかないと言われたら、人はどうするでしょうか。悲嘆のあまり半狂乱になるかもしれませんし、ただ諦めて静かに最期の日を待つかもしれません。しかし、中江兆民は違いました。その間に『一年有半』『続一年有半』というベストセラーを生み出します。

土佐藩の足軽の家に生まれた兆民は、廃藩置県後、岩倉使節団に加わり留学することを許されました。フランスでルソーの思想に感銘を受け、その『社会契約論』を漢訳し、国家は全ての人間の自由と平等を保障するべきだとして藩閥政府を批判し、東京から追放されますが、その後、大阪の被差別部落に移り、「社会の最下層のさらにその下層」から第一回衆議院議員選挙に立候補して、その地区でトップ当選を果たします。

しかしある日、喉に違和感を覚えて行った病院で、喉頭癌で余命一年半の宣告を受けます。そこから奮起して、『一年有半』『続一年有半』を相次いで執筆。日本の現状を論じ、将来を案じました。結局は一年半どころか九か月ももちませんでしたが、その短期間でなおかつ病床でこれだけの著作を成しえたということに驚きを禁じえません。九か月はその仕事からすれば決して短いとは言えないでしょう。

徳川慶喜

1837-1913 没年76歳

この世をば　しばしの夢と
聞きたれど
おもへば長き　月日なりけり

〈この世というのは短い夢のようなものだと聞いていたが、こうしてみると長い年月だった〉

辞世

徳川第十五代将軍。29歳で将軍となっても、江戸ではなく京都を中心に活動し、有力諸侯と協調を図る。しかし薩摩藩など雄藩との対立は深まり、大政奉還によっても薩長土との戊辰戦争を避けられず、朝敵とされ、江戸城を無血開城。徳川幕府最後の将軍となった。

夢と言うには激動すぎた一生

「思えば長き」という感慨にふさわしく、徳川慶喜が生涯で経験した目まぐるしい変転は江戸幕府の将軍たちの中で唯一、初代家康のそれに匹敵するものだったでしょう。

御三家の一つ水戸徳川家第九代斉昭の七男として生まれ、御三卿の一つ一橋徳川家を継ぎ、しかし第十三代将軍の跡継ぎ争いには敗れ、井伊直弼によって一時は謹慎を被りますが、第十四代家茂がわずか20歳で薨去（こうきょ）。宗家を継ぐことになりました。

国内はまさしく開国か攘夷かで混沌を極めており、慶喜ははじめ、徳川宗家は継いでも将軍職に就くことは固辞しました。家茂の将軍後見職として政に携わるなかで、将軍家の命運を既に見通していたのかもしれません。最後の将軍になることは避けたいと思ったかもしれませんが、周囲は許さず、結局第十五代将軍の座に。その後、大政奉還、戊辰戦争、江戸開城……と転落の一途を辿るかに見えますが、新政府から最高の公爵位を得て徳川慶喜家を興し、貴族院議員にも列せられます。

晩年は政治から離れて悠々自適の暮らしを送ったと言われています。そこから自分の生涯を振り返れば、たしかに、思えば長き波瀾万丈の、という感慨も漏れるでしょう。慶喜は、十五人の徳川将軍の中で最も長生きし、この点では家康をも越えました。

本居宣長

1730-1801 没年71歳

世の中に、死ぬるほどかなしき事はなきものなる

〈この世で、死ぬほど悲しいことはないなあ〉

『玉くしげ』より

江戸時代中ごろの国学者。伊勢松坂に生まれ、京都で医学を学び、地元で医者をするかたわら、『源氏物語』『古事記』などの古典の研究を行い、国学を大成させた。自宅で教えた弟子は四百九十人に及んだと言われる。著書に『源氏物語玉の小櫛』『古事記伝』『玉勝間』など。

「大和心」あふれる素直なことば

あまりに単純素朴な慨歎で、これが「大和魂」を称揚した大学者の本居宣長のことばだとにわかには信じがたいかもしれません。

「大和魂」は近代になり、日本が欧米列強に負けじと軍国主義を拡大するなかで、「必要な時には潔く命を捨てる国家に対する忠誠心」というような意味で定着していきます。今でもそのような強い、雄々しいイメージで語られることが多いかもしれませんが、宣長の讃えた「大和心」はまったく違います。それは物事に触れたときに動かされる心をそのままに感じることであり、悲しいときにはめそめそ泣くような素直な心を指していました。その点で、女性的なもの、幼いものとされており、ことあばすぐに自らの腹をかっさばく武士の雄々しさとは対極にあるものです。

また「大和魂」は外来の仏教儒教も信じません。宣長は、『古事記』『日本書紀』にあるとおり、人は死ねば誰しもが黄泉の国に下ると考えていました。たとえどれほどの善人であったとしても死にはなんの救いもありません。

死後の世界を怖れず、一方で何の期待を持つこともなく、ただただ素直に死を悲しむ。これは、現在の私たちの見方に近いところがあるのではないでしょうか。

紀貫之

872-945 没年73歳※

明日しらぬ　我が身と思へど
暮れぬまの　けふは人こそ
悲しかりけれ

〈自分自身、明日はどうなるかもわからない身とはいえ、
まだあの人が亡くなったばかりの今日は、
それが悲しく思われてならない〉

『古今和歌集』より

歌人。旧名門紀氏に生まれるが、台頭する藤原氏の前に、官人としての栄達は望めなかった。しかし、若くして歌才を認められ、のちに紀友則らとともに『古今和歌集』の編纂に携わる。貫之の書いた「仮名序」はのちの歌論に大きな影響を与えた。土佐守に任ぜられたときのことを書いた『土佐日記』でかな書き日記に新しい道を拓いた。

※生没年は諸説あり

人の死を見て我が死を想う

歌中の「人」とは、いとこの紀友則のことです。ともに『古今和歌集』を編纂している途中で亡くなったと伝えられており、紀貫之がそれを悼んで詠んだのがこの歌です。親しい人を亡くしたときの悲しみほど深いものはほかにないでしょう。その悲しみが歌になってあらわれるのも自然なことです。挽歌とか哀傷歌とか呼ばれる、亡くなった人を悼む歌は、『万葉集』、『古今集』に数多く採られています。

ただ、なかでもこの歌が光るのは、「我が身」と引き比べているところでしょう。今日一日は、いとこであり同志である友則のために存分に涙を流したとしても、翌日になれば自分自身もどうなる身かもわからない、とここでは意識されています。

他者の死を見て、いつか自分もこうなる、というかたちで「死」というものを認識できるのは人間しかいないと言われています。他の動物は、仲間が死ねばそれなりに喪失感をおぼえるかもしれませんが、自分もいつかああなる、という未来への想像が及びません。葬儀を執り行うのが人間の特徴の一つと言えますが、そこで示される悲しみは、いずれ自分も、という思いを裏で孕んでいます。他人を悼む気持ちと、自分の死を思う気持ちはつねに表裏一体なのです。

石川啄木

1886-1912 没年26歳

いくたびか死なむとしては
死なざりし
わが来しかたのをかしく悲し

〈何度か死のうとして結局死ななかった、
自分の過去はおかしくもあり悲しくもある〉

『一握の砂』より

歌人。盛岡尋常中学校でカンニング事件を起こして中退後、与謝野鉄幹の知遇を得て明星派の詩人として活躍。しかし生活面では困窮し、職を求めて北海道を放浪したのち上京。東京朝日新聞社の校正係となる。のち第一歌集『一握の砂』を刊行し評判となるが貧しさは変わらなかった。他の著作に『悲しき玩具』『時代閉塞の現状』など。

思い出は死ぬのを引き止めてくれる

自虐的ともいえる数々の悲しみに満ちた短歌によって、石川啄木は近代歌人の中で今でも随一の人気を誇ります。貧困や結核による早逝など、不幸に見舞われた報われない人、というイメージが強いかもしれませんが、伝記を読むとなかなかに型破りというか、はた迷惑なところも多分にあった人です。

「はたらけど　はたらけど」と言う一方で、「途中にてふと気が変り、つとめ先を休みて、今日も、河岸をさまよへり」というような歌も残していて、ほんとに真面目に働いてたんかい、と思わずツッコミを入れたくなります。

なにしろ、妻に読まれることを怖れてローマ字で書いた日記によると、借金をしてまで浅草の娼妓に入れあげていたようです。

ほかの数々のとんでもエピソードは伝記に譲るとして、「いくたびか死なむとし」たことがあったのも事実でしょう。それもしかし、後から思えば悲しくもおかしい思い出になってしまうというのです。今ちょっとだけ死ぬのを待っていれば、それがおかしい思い出になる、と啄木は請け合っています。なにしろ彼自身、わずか26歳で死んでいるのですから。思い出になるのにそれほど年月は必要としません。

徳冨蘆花（とくとみろか）

1868-1927 没年58歳

死んでも
だれ一人泣いてくれる
者もないくらいでは、
生きがいのないものだね

『不如帰（ほととぎす）』より

作家。同志社大中退後、兄・蘇峰（そほう）の民友社に入り『国民之友』『国民新聞』の記者となるが、長編小説『不如帰』で作家として認められる。トルストイに傾倒し、半農の宗教的生活に入る。長年蘇峰と不和で、兄が「富」を使うのに対して「冨」の字に固執したが、死の直前に和解した。他の著作に『みみずのたはごと』など。

人生は、ままならない

徳冨蘆花の著述の中で随一の人気を誇る『不如帰』の一節です。このタイトルには二重の意味があります。「帰郷」と「結核」です。

中国のある皇帝が死後に不如帰となりますが、祖国が別の国に滅ぼされるのを見て、「帰るに如かず」、すなわち帰れる以上に良いことはない、と鳴きながら血を吐いて死んだ、という故事があります。そこから結核と結びつけられるようになりました。

『不如帰』は、愛し合う若夫婦が、継母や姑や新妻に横恋慕する男のために引き裂かれ、夫の出征中に無理やり離婚させせられる悲恋の物語です。ネタバレになりますが、妻は結核で、静養のため転地しますが、病はむしろ悪化して帰京。夫に再び会えぬまま亡くなります。タイトルはこれを暗示していました。1900年の出版から十年足らずで百版を重ね、三十年で百八十五万部を売る大ベストセラーとなりました。「ああ、人間はなぜ死ぬのでしょう！ 生きたいわ！」「ああつらい！ つらい！ もう婦人なんぞに生まれはしませんよ」という台詞は読者の涙を誘いました。

名言は恋敵が死んだときに語られたものです。彼のために泣く者は、作中にも読者にもいないでしょう。

西郷隆盛

1828-1877 没年49歳

命もいらず、名もいらず、
官位も金もいらぬ人は、
仕末に困るもの也。

『西郷南洲遺訓』より

軍人。政治家。薩摩藩士時代、安政の大獄と藩主島津斉彬の死を契機に入水自殺を図る。斉彬の跡を継いだ久光と衝突し、島流しの刑に処される。勝海舟とともに江戸無血開城を実現し、王政復古を成功させた。新政府内で征韓論に敗れ下野。郷里の私学校生徒に促されて挙兵するが、政府軍に敗北し、自刃した。

「仕末に困る」人の尊さ

名声にも地位にもお金にも興味がない、命にさえも執着しない。こういう人はたしかに扱いづらいでしょう。名誉や金銭で釣ることもできず、どんな脅しも通用しません。では西郷はここで、そのような人物を手懐ける処世術を説こうとしているのでしょうか。違います。このあとにこう続くからです。「此の仕末に困る人ならでは、艱難(かんなん)を共にして国家の大業は成し得られぬなり」と。〈事を成すには、むしろ積極的にこういう人物をこそ探せ〉、と言っているのです。

まず西郷自身がそのような人物でした。薩摩藩の下級武士の出ながら藩を思い国を思い、それが強すぎて過激な行動や権力者の意に沿わない言動に出ました。結局、二度も島流しに遭いますが、命からがら戻ってきました。その後の活躍は誰もが知るところでしょう。新政府の中枢に座すことになります。

ただ、西郷の望んだのはそうした栄達ではありませんでした。自分の意が汲まれないと知るや即刻辞表を出し、郷里に戻りました。西南戦争で挙兵したのも、決して自分自身のためではありませんでした。ですが、名にも命にも執着しない愛国者は、政府内で出世していった人たちからすればたしかに「仕末に困る」人物だったでしょう。

伊藤野枝

1895-1923 没年28歳

どうせ、あたしたちは
畳の上でまともな死に方
なんてしやしない。

瀬戸内寂聴『美は乱調にあり』より

作家。福岡県今宿の貧しい家に、七人きょうだいの長女として生まれる。高等小学校卒業後、東京の叔父に頼み込んで、そこから上野高等女学校に通う。卒業後、平塚らいてうの『青鞜』に依って、その二代目編集長となり女性解放運動に邁進するも、関東大震災直後に憲兵大尉甘粕正彦(あまかすまさひこ)により虐殺される。作品に『火つけ彦七』など。

思想を貫くとてつもない覚悟

瀬戸内寂聴による伊藤野枝の評伝の中の野枝のことばです。たしかにその激しすぎる生涯は、この不吉なことば通りの最期を引き寄せるものであったかもしれません。

女学校卒業後、親の決めた結婚相手の許(もと)を逃げ出し、女学校時代の教師と結婚。『青鞜』に参加し、自作の詩などを発表し、のちに平塚らいてうから編集長を継ぎます。

文芸誌だった『青鞜』を、より社会評論に重きを置くものに変えるとともに、自身は大杉栄を通じて無政府主義に傾いていきます。やがて夫と二人の息子を捨てて大杉の許に走りますが、大杉には内縁の妻の他に愛人もいて四角関係となり、それがもつれた末に、愛人の神近市子が大杉を刺して重傷を負わせる日陰茶屋事件が起きます。

一命をとりとめた大杉は関係を清算して野枝を選び、二人の間に五人の子どもが生まれますが、あくまで内縁関係にとどまりました。野枝は『自由母権の方へ』を発表し、結婚制度を否定する自身の思想と生活を一致させたのです。しかしそのせいで秩序を乱すものとして憲兵から睨まれたのでしょう。関東大震災後のどさくさに紛れて、大杉とともに、憲兵によって虐殺されました。ただ、覚悟はありました。どんな死に方をしても「本人は幸福だったと思ってくれ」と言っていたと伝わります。

上原良司

1922-1945 没年22歳

こんな精神状態で征ったなら、
もちろん死んでも
何にもならないかも知れません。

『きけ　わだつみのこえ』より

陸軍大尉。慶応義塾大学経済学部入学。同年松本第五十連隊入隊。陸軍特別攻撃隊員として沖縄嘉手納湾の米機動部隊に突入、戦死。

「特攻」の異常な残酷さ

このことばだけでは何のことやらさっぱりでしょうが、亡くなった年と年齢とを見ればお気づきになる方もあるでしょう。この直後はこう続きます。「故に、最初に述べたごとく、特別攻撃隊に選ばれた事を光栄に思っている次第です」。

そうです、いわゆる「特攻」でいよいよ出撃という前の晩に書かれた手紙の一節です。この前には「理性をもって考えたなら実に考えられぬ事で、強いて考うれば、彼らが言うごとく自殺者とでも言いましょうか。精神の国、日本においてのみ見られる事だと思います」と書かれていました。特攻という自爆攻撃がいかに馬鹿馬鹿しいかを吐露しつつ、それを「精神の国、日本」の特徴として誇っているようにも見えます。

言論統制下で、たてまえとして「光栄」と言っていたのかもしれませんが、それ以上に、彼らは自分で自分の心を殺すしかありませんでした。「選ばれた事を光栄に思」いでもしないかぎり到底やっていられない。これほどかわいそうな死に方があるでしょうか。これは肉体のみならず、強いられた精神の自殺です。「カミカゼ」は、不名誉ながら今ではフランス語で「自爆テロ」を表す普通名詞になっています。このことばにはどんな「光栄」もありません。

武井脩

1918※-1945 没年27歳

私の時間は
泣いているのに
私の時計は笑っている。

『きけ　わだつみのこえ』より

陸軍中尉。九州帝国大学法文学部経済学科を繰り上げ卒業後入営。ミャンマーのミョジャン付近にて行方不明となる。

※生年は諸説あり

無情なタイムリミット前の覚悟

こっそり軍のトイレの中で書いていたとおぼしき断章の一つです。ほかに、「いわゆる上官と称する者の空虚さよ」とか「東条首相という男はひげを生やした浅蜊（あさり）のような顔をしています」など、もし見つかったら命に関わりかねない断章も残っています。「兵営には歴史はなくて神話あり」などは、経済学科卒とは思えないアフォリズムの才能を示しています。第二次大戦末期の日本軍を支えていたのは事実に基づく歴史認識ではなく、信じたいものを信じる思い込みに過ぎませんでした。それを目の当たりにした武井脩は、敗北を、死を覚悟していたことでしょう。「私の時間は泣いている」というのはそういうことです。自分は若いのに残された時間は限りなく短い。しかし無情にも、時計の針が動く毎に、自分の命は削られていくのです。この続きはこうなっています。「私は考えない。考えることが出来るゆえに」と。武井も理性的であれば耐えられない状況を耐えていました。

ただ、残り時間がつねに削られているというのは皆同じです。幸い、私たちには多少考える余裕があるというだけです。この時間を泣かせるのか笑わせるのか。武井と前項の上原のプロフィールの短さは、私たちに考えるきっかけを与えてくれます。

小沢治三郎

1886-1966 没年80歳

みんな死んでいく、
これでは誰が戦争の
あと始末をするんだ。
キミ、死んじゃいけないよ

『デジタル版 日本人名大辞典+Plus』より

海軍中将。海軍兵学校卒業。太平洋戦争開始時のマレー作戦で戦果を挙げるが、司令官となった頃には日本に十分な戦力はなく、マリアナ沖海戦で敗退、レイテ沖では危険な囮を務めるが、作戦全体としては失敗し、無力化した日本海軍最後の司令長官を引き受けた。駆逐艦上での事故により表情が変えられず、「鬼瓦」とあだ名された。

戦争の後始末を引き受けた海軍エリートのことば

帝国海軍最後の連合艦隊司令長官にして名提督と言われた小沢治三郎は、山本七平が『空気の研究』を書く一つのきっかけを作った人です。

1945年、もはや日本にはアメリカと満足に戦える航空機はなく、そのなかで超弩級戦艦大和の出撃が命じられます。護衛もいない大和は、大方の予想通りあえなく撃沈。なぜそのように無謀で非合理的な戦争継続が承認されたのか、というのは、日本の意思決定の問題として残されました。山本は、決定に関わった小沢がのちに語った「全般の空気よりして、その当時も今日も当然と思う」ということばに注目しました。意思決定権は海軍中枢のエリートのどの個人にもなく、「空気」にあったのだ、と。この不気味な「空気」は未だに日本を覆っているのではないでしょうか。

さて小沢は自ら囮となって死を覚悟したレイテ海戦を生き延びたあと、もはや名ばかりとなった連合艦隊の司令長官に就任します。通例、長官の位は大将でしたが、大勢の部下を殺したとして昇進を固辞。二か月余りで敗戦を迎えます。将兵たちに名言のように語り、自決をしようとする者たちを抑えました。最後は「空気」に呑まれることなく、周りを救ったと言えます。戦後は沈黙と清貧を貫きました。

島尾敏雄

1917-1986 没年69歳

からだは
死に行きつく路線から
しばらく外れたことを
喜んでいるのに、
気持は満たされぬ思いに
とりまかれる。

『出発は遂に訪れず』より

作家。学徒出陣のため九州大学文科を繰り上げ卒業後、海軍予備学生。特攻隊である第十八震洋隊指揮官として奄美群島加計呂麻島に赴任。出撃命令を受けた二日後、敗戦。戦後、島で出会った女性と結婚し、神戸や東京で教職に就きながら執筆活動を行うが、妻が精神的な病を患い、奄美へ戻る。著作に『出発は遂に訪れず』『死の棘』など。

行き場を失った「己の死ぬ意味」

1945年8月13日夕方、島尾敏雄の率いる第十八震洋隊にいよいよ出撃命令が下りました。この日に備えて、島尾以下約百八十名が十か月前から加計呂麻島（かけろまじま）で訓練、待機していたのです。しかしその日は敵艦隊が姿を見せず、発進の号令を受け取らぬまま14日の朝を迎えました。特攻兵器震洋での攻撃は夜襲を原則としていたため、出撃は翌晩まで延期されることとなりました。この時の思いを綴ったことばです。

特攻に選ばれたときから死を受け入れる覚悟を整えて、いよいよ出撃命令を待っていたのに、そのまま夜が明けてしまいました。どうにも自分を持て余してしまいます。結局、翌日も命令の出ぬまま15日の昼を迎えます。終戦によって出撃命令は永遠になくなりましたが、手放しで喜ぶことはできません。自分の中のわだかまりを抑え、また敗戦を受け入れられず、暴発するかもしれない部下たちをも抑えなければなりませんでした。この時のことを描いたのが『出発は遂に訪れず』です。

もちろん、あたら若い命を散らさずにすんだのは喜ぶべきことでしょうが、自己の死にようやく意味を見出したとたんに、突然それが奪われてしまった人の虚無感も思いやられます。戦争、とりわけ特攻作戦はかくも人の生死を弄びました。

与謝野晶子

1878-1942 没年63歳

あゝをとうとよ　君を泣く
君死にたまふことなかれ
末に生れし君なれば
親のなさけはまさりしも
親は刃(やいば)をにぎらせて
人を殺せとをしへしや
人を殺して死ねよとて
二十四までをそだてしや

〈ああ弟よ、あなたのために泣く。どうぞ死なないで。
末っ子だったので親の愛情が深くこそあれ、親はあなたに
刃物を握らせて「人を殺せ」と教えたでしょうか。
「人を殺して死ね」と思って24歳まで育てたのでしょうか〉

『君死にたまふこと勿れ』より

歌人。大阪の老舗和菓子屋に生まれる。女学校時代に『源氏物語』などの古典や『文學界』などの現代文学を読み耽る。卒業後、家業の店番をしつつ、和歌の投稿をはじめ、その縁で後に結婚することになる与謝野鉄幹と知り合い、鉄幹の主宰する『明星』に作品を発表し、その瑞々しい作風で人気を博す。歌集に『みだれ髪』など。

「死なないで」が批判された戦時下の狂気

非常に有名な一節なので、ご存知の方も多いでしょう。ですが、「あゝ　をとうとよ　君を泣く／君死にたまふことなかれ」からはじまる『君に死にたまふこと勿れ』の五連の詩の全体を読み通したことがまだないのであれば、ぜひご一読ください。

日露戦争に出征する弟に呼びかけるかたちで、厳格な七五調を守って歌われた哀歌です。第一連の〈武器をとって人を殺せというのは、親の教えでもないし商家の習いでもない。旅順が陥落しようが、それがなんだ〉という戦争批判はまだ許されたとしても、第三連は大きな批判と議論を呼びました。〈自らは出陣しない天皇が、互いに血を流し死ぬことを名誉だとどうしてお思いになるだろうか〉と言ったからです。

与謝野晶子は、これは弟に対する「まことの心」ではあったが、幼い頃から王朝文学に心を寄せる者として、忠君愛国においては人後に落ちないと弁明しました。

ですが、弟の死をなんとしても避けたいと思うきわめて単純な「まことの心」こそ、人として根源的なものではないでしょうか。万葉の時代から、北九州の防衛にあたった防人（さきもり）の歌のような出征兵士の命を思う歌は詠まれてきました。死を厭うすなおな心の流露を危険思想として抑圧する時代の空気こそ危険なものです。

壺井栄

1899-1967 没年67歳

名誉の戦死など、
しなさんな。
生きてもどってくるのよ。

『二十四の瞳』より

作家。香川の醤油職人の家に生まれ、高等小学校卒業後、郵便局や役場に勤める。病がちで、一時は生死の境をさまようも、隣村出身の詩人·壺井繁治と結婚し、東京で暮らす。夫や周囲の女性作家たちの影響で自身も筆を執るようになり、新潮文芸賞や児童文学賞を受ける。『二十四の瞳』の他、代表作に『暦』『柿の木のある家』など。

「常識」に流されてはいけない

映画・ドラマ・アニメなど十回にわたり映像化された、ベストセラーにしてロングセラー、『二十四の瞳』の主人公・大石先生が、出征する教え子に語ったことばです。

前項の与謝野晶子が弟に向けたことばに非常によく似ているように見えますが、二つの大きな違いがあります。まず「君死にたまふことなかれ」と高らかに歌われた日露戦争時に比べて、『二十四の瞳』の舞台となっている第二次大戦時には思想や言論の自由が厳しく制限されていました。ですから大石先生はこのことばを声を潜めて言うしかありませんでした。

もう一つ、より重要な違いは、しかし、このことばは直接出征する若者に語られている点です。こんなことを危険を承知で声を潜めてまで言わねばならなかったのは、当時の常識では若き兵士たちが「名誉の戦死」を心の底から信じかねなかったからです。

兵隊になれば腹いっぱい食べられ、家の名誉、学校の名誉となれる……。そんな思いで自らの命を軽んじるのは馬鹿馬鹿しいと今のわれわれは思うかもしれませんが、だからこそ「常識」というものの脆さをここから知ることができます。それを見失えば、死に対する考えでさえも、ともすると世間に流されてしまいかねません。

死の名言

第3章

いさぎよい

赤塚不二夫

1935-2008 没年72歳

ウケるためなら死んでもいい

赤塚りえ子『バカボンのパパよりバカなパパ』より

漫画家。満州で生まれ、奉天で終戦を迎える。引き揚げ後、手塚治虫の『ロスト・ワールド』に感銘を受けて漫画家を志し、中学卒業後に上京し、化学工場に工員として勤めながら漫画修行をする。他の漫画家たちと共に「トキワ荘」に暮らした。作品に『ひみつのアッコちゃん』『天才バカボン』など。

命を賭けてウケを貫く

『天才バカボン』などの作品からは、おちゃらけた作者像しか浮かんでこないかもしれません。たしかに実際の赤塚不二夫は相当に風変わりな振る舞いで知られ、アルコールに溺れる生活をしていました。

しかし、彼の生きざまは、たんに流されてそこへ落ちてゆくというのではなく、自ら積極的に選びとったものだったと思われます。食道癌で入院してからも、水割り片手にインタヴューを受けるパフォーマンスで人を驚かせました。

決して自らの命をもてあそんでいたわけでないことは、彼の生い立ちが示しています。満州で生まれたとき、父親は諜報などを行う特務機関員でした。彼の地で終戦を迎えた時には隣人の日本人一家が中国人に虐殺されるのを目にし、また引き揚げ中に妹二人が死にます。帰国後も、満州出身者として差別されます。笑いはこうした悲惨な状況を生き抜くために必要不可欠な道具だったのです。

笑いのために命を縮めたかもしれません。ですが、彼の葬式でタモリの読んだ弔辞が「私もあなたの数多くの作品の一つです」と結ばれていたとおり、数多の作品が死後も「ウケ」つづけたことで願いは叶ったのではないでしょうか。

本田宗一郎

1906-1991 没年84歳

飛行機っていうものは、
太平洋を無事に飛んできても、
成田の着陸でひっくり返りゃ
おしまいなんだ。
オレはもと飛行機屋だろう。
「人生の着陸」だけは
立派にやりたいと思ってるよ。

梶原一明『本田宗一郎の名言　人生へのヒント』より

実業家。高等小学校卒業後、自動車修理工場に六年間丁稚（でっち）奉公し、支店を任される。30歳を超えて、経験だけでは乗り越えられない壁を痛感し、浜松高等工業学校機械科の聴講生となる。39歳で本田技術研究所を興し、“世界のホンダ”の基礎を築く。のち、66歳で社長を退き、76歳で取締役からも引退。

「世界のホンダ」創業者の鮮やかな着陸

本田宗一郎は、自ら立ちあげた本田技研工業を世界に冠たる企業に育て上げますが、そのトップに君臨し続けることには一切執着しませんでした。

今からすると早すぎるように見える66歳での勇退後、自らの「着陸」について考えていたのかもしれません。退任後は、御礼参りにと全国のディーラーの許(もと)を訪ねて回ったということです。

人生を飛行機にたとえるならば、離陸に関しては、私たちは誰しもその記憶がありません。気づいたときには既に、空に放たれています。それなのに、やっと操縦桿にも慣れたと思ったら、すぐに着陸のことを考えなければならないときがきます。

何も考えていなければ、いざというときに、不時着、ひどい場合には墜落してしまいます。どのように自分の最期と向き合い、それをコントロールするか。宗一郎自身は、「自動車会社の創業者の自分が葬式を出して、大渋滞を起こしちゃ申し訳ない」と遺言し、社葬をさせない配慮を示しました。

彼の「着陸」後も、宗一郎の子どもの頃からの夢だった飛行機製作は、ホンダに受け継がれ、2006年以降、Honda Jetとして世界の空を飛んでいます。

織田信長

1534-1582 没年49歳

是非に及ばず

〈正しいか正しくないかを論じても仕方がない〉

太田牛一『信長公記』より

尾張生まれの戦国大名。駿河の今川氏、美濃の斎藤氏を破り、将軍足利義昭を擁して上洛、浅井・朝倉氏に勝利し、のち義昭を追放して室町幕府を滅ぼした。さらに武田勝頼を破り、毛利氏征討を進めたが、天下統一を目前に、明智光秀の謀反にあい、志半ばにして本能寺で自害した。

死は覚悟する。しかし戦う

――人間五十年、下天のうちをくらぶれば、夢幻のごとくなり

今川義元に立ち向かった桶狭間の戦いに際して謡い舞ったと言われる幸若舞（こうわかまい）『敦盛（あつもり）』の一節です。悠長にも見えますが、圧倒的な大敵を前に、死をも覚悟して出陣したのでしょう。ときに織田信長、25歳。生をひとときの夢と捉える死生観は、若い時から親しいものだったと言えます。

とはいえ、自分の死に方や死の理由にまで納得できるとはかぎりません。桶狭間から二十余年、本能寺で突然夜襲にあったとき、それが臣下の明智光秀の裏切りによるものだと聞かされたときのことばが「是非に及ばず」でした。

これは自害の前の諦めのことばとして解釈されることが多いようですが、『信長公記』によると、こう叫んだ直後に自害したわけではありません。むしろここから戦闘態勢に入ります。ということは、「謀反人が誰であれ、それを論じても仕方ない。ともかく戦え」という意味ではなかったかと思われます。結局、信長は『敦盛』のいう五十年すら生きられませんでしたが、死を覚悟しつつも、最後まで戦い抜こうとしたと考えるのが信長らしい気がします。

明智光秀

1516※-1582 没年66歳

心しらぬ
人は何とも
言はばいへ
身をも惜まじ
名をも惜まじ

〈自分の真意がわからない人間から
何を言われようとかまわない。
命も名も惜しまず本意を遂げよう〉

辞世

朝倉氏に仕えた後、織田信長に見込まれ家来となった戦国武将。信長が中国地方の毛利氏を攻めるにあたり、豊臣秀吉を助けるように命令され出陣。だが途中で軍を引き返し京都の本能寺にいる信長を襲って自害させた。その後中国地方から引き返してきた秀吉に山崎の戦いで敗れ、敗走中に農民に襲われ殺された。

※生年は諸説あり

「裏切者」にも矜持はある

不意を突かれて自らの辞世を詠むいとまのなかった織田信長に対し、光秀の方は、三日天下とはいえ、多少余裕があったのでしょうか。和歌と漢詩、それぞれの辞世を残しています。

それにしても「命も名も惜しまない」というのは、なんとも潔い歌です。「命を惜しむ」のは武士として恥ずべきことだとしても、「名」の方は、それを惜しむ生き方こそが武士の道だと思われていたからです。

主君を裏切る真意は後の人に理解されないだろうことを、半ば覚悟していたのでしょう。しかし、考えてみてください。もしほんとうに理解されなくてもいいと思っていたのであれば、こんな歌を詠みはしなかったのではないでしょうか。

この歌からするなら、本能寺の変の動機が信長への私怨や、自身による天下統一の野望であったとは考えにくい。室町幕府の再興説や朝廷からの密命説など、後世の人がその「心」を推測しようとしてきましたが、未だに定説はありません。

敗者の歴史は黒く塗りつぶされるものです。でも、今でもこうして彼の矜持のありかを汲みとろうとする人がいることだけは、光秀の慰めとなるでしょう。

細川ガラシャ

1563-1600 没年37歳

散りぬべき
時知りてこそ
世の中の
花も花なれ
人も人なれ

〈花も人も、自らの散るべき時を
心得ていてこそ美しい〉

辞世

明智光秀の娘。本名は玉。織田信長の命で、細川忠興に嫁ぐ。本能寺の変により謀反人の娘として山奥に幽閉された。豊臣秀吉により許されたのち、キリスト教に改宗。関ヶ原の戦いで夫が徳川方についたため、豊臣方から人質として大坂入城を強要され、家臣に命じて自らの命を絶たせた。

時代に翻弄されても、己を貫く

明智光秀は本能寺の変にさいして娘の玉が嫁いでいた細川家に援軍を要請しました。しかし、玉の夫・細川忠興はこれを断り、玉を幽閉してしまいます。二年にわたる幽閉中、玉は自分を支えてくれた信者の侍女を通じてキリスト教に接近し、豊臣秀吉が伴天連(バテレン)追放令を出したあと、密かに自邸で洗礼を受け、ガラシャという洗礼名を受けます。夫忠興には激怒されましたが、ガラシャの信仰は揺るぎませんでした。

秀吉没後、徳川家康と石田三成が関ケ原で対決するにあたって、三成はガラシャを人質にとろうと屋敷を取り囲みます。忠興は、こういう場合には死を選ぶよう言い置いていましたが、ガラシャはキリシタンとして自殺の罪を負うことはできません。悩んだ挙句、屋敷内の他の女性を逃がしたあと、家臣に自らを斬るように命じます。運命に翻弄されながらも信仰を貫く誇り高さがありました。

「散るべきときに花と散るべき」とは、武士の死生観です。キリシタンとして自殺を避けたとはいえ、根には武士の娘の烈(はげ)しさを宿していました。この事件に衝撃を受けた三成は、他の大名の妻子を人質にとることを諦め、結局敗れました。彼女の死にざまは関ケ原の戦いに、ひいては日本の歴史にさえ影響を与えたかもしれません。

宇野千代

1897-1996 没年98歳

よく生きることは、
よく死ぬことでもある。

『私 何だか死なないような気がするんですよ』より

作家、デザイナー。岩国高等女学校卒業後、教員となり結婚するが、小説『脂粉の顔』が雑誌懸賞に一等当選し、単身上京。尾崎士郎、東郷青児、北原武夫と、多くの有名芸術家との結婚遍歴をもつ。小説に、東郷の自殺未遂事件をモデルとした『色ざんげ』、自伝的大河小説『生きて行く私』、他に『おはん』など。

恋に、仕事に、駆けずり回った98年間

宇野千代ほど「よく生き」た人も珍しいと言えるでしょう。明治から平成まで四つの時代を生き抜いた長命だけを考えても大変なことです。ですがそればかりでなく、恋に芸術にビジネスにと、つねに駆けずり回りつづけた人生でした。

14歳で初めての結婚をするも、十日ほどで出戻り、その後、代用教員として働くなかで、同僚との恋愛沙汰で退職。さらに元夫の弟と一緒に上京して結婚します。その頃知り合った芥川龍之介は、短篇『葱』で、宇野のことを「竹久夢二君の画中の人物が抜け出したようだ」と評しました。尾崎士郎を含めて三人と結婚をし、その他に東郷青児や梶井基次郎とも浮名を流します。

芸術家たちとの華やかな交際を楽しむ一方、自身も作家として小説やエッセイをたくさん発表しました。さらにはまた、日本初のファッション雑誌『スタイル』を創刊したり着物の柄をデザインしたりして、実業家としても活躍します。

宇野はたしかに「よく生き」ました。しかし、ではそれが「よく死ぬことでもある」とはどういうことでしょうか。宇野は先の名言にこう続けています。「一生懸命に生きたものは、納得して死を受け容れることが出来る、という意味です」。

大石内蔵助良雄

1659-1703 没年44歳

あら楽し
思ひは晴るる　身は捨つる
浮世の月に　かかる雲なし

〈本意を遂げるために命を捨てるのは、
何と楽しく、晴れ晴れした心地だろうか〉

辞世

播磨赤穂藩家老。藩主浅野長矩が恨みを抱いて死んだ仇・吉良義央を、同志四十六名を率いて討ちとる。この手本ともすべき忠臣たちを、その数から「いろは四十七文字」にたとえ、大石の一文字「蔵」を入れた人形浄瑠璃『仮名手本忠臣蔵』が大人気となり、今に至る大石の印象を生み出した。

敵討ちを果たしたのちの、底抜けに明るい辞世

辞世とは思えない、明るく満たされた歌です。大石内蔵助が見事主君の浅野内匠頭の仇を討ったのちに詠んだものと言われています。

二人の間に何があったのかは未だに謎とされていますが、ともかく浅野内匠頭は抜刀が許されない江戸城中で吉良上野介に斬りかかり、自身は切腹、浅野家はお取り潰しとなります。大石は家老としてまずお家再興のために奮闘しますが、嘆願は聞き入れられず、最終的に討ち入りを決意します。

しかし、急いてはことを仕損じる。大石自身は、京都祇園の茶屋で遊蕩三昧。そのようにして敵の目を欺く一方、江戸に遣わした同志には、吉良邸の絵図面を手に入れさせ、上野介が在宅の日を探らせました。

江戸城での事件から討ち入りまで実に二年弱。人がそろそろ忘れかけた頃の仇討の裏には深謀遠慮がありました。その苦悩の日々を経ての辞世の明るさは意外にも思えますが、命と引き換えの大事を成すには、このような明るさが必要なのかもしれません。負け惜しみなど一切ない、その晴れやかな死にざまを含めて「義士」として今に伝えられています。

大石主税良金

1688-1703 没年15歳

あふときは
語りつくすと　おもへども
わかれとなれば
のこる言の葉

〈会って話したときは
もう話題も尽きたと思ったが、
いざ別れるとなれば、
まだまだ言い残したことがある〉

辞世

赤穂四十七士の一人。赤穂藩家老大石内蔵助の長男。藩主浅野長矩の切腹後に元服。堂々とした体躯だったという。吉良邸討ち入りの際は、最年少ながら裏門攻め入りの大将を務めた。その後、伊予藩松平家に預けられ、翌年切腹。主君浅野長矩と同じ高輪泉岳寺に葬られた。

まだ15歳だった

主君浅野内匠頭（あさのたくみのかみ）が江戸城で事件を起こしたとき、大石主税（おおいしちから）は今ならまだ中学生の若者でした。にもかかわらず、運命は容赦なく主税を巻き込んでいきます。父が城代家老として主君切腹後の残務処理にあたるなかで元服し、浅野家再興がかなわないことがわかってからは、討ち入りに加わることになりました。自分が一度も直接仕えたことのない主君の敵討ちのためにです。弟妹は母と一緒に、父内蔵助から離縁されていました。巻き添えを食わないようにするためです。主税だけが仇討に加わりました。

討ち入りの際は、主税が裏門側の大将を務めました。裏門の方が戦闘は激しかったと言います。討ち入り計画が決裂しそうになったときには、対立する側の人質となることを自ら申し出たという、子どもとは思えぬ胆力を示す逸話も残っていますが、さていよいよ辞世というときに詠んだ歌は、父のそれとはずいぶんと趣が違います。

母親に向けての辞世とも言われています。〈いざ別れるとなれば、まだまだ言い残したことがある〉。そうでしょう。まだ十五だったのですから。切腹の際、若年とは思えぬ落ち着いた振る舞いに検視役人が涙したと言われていますが、その腹の中には言い尽くせぬものがたくさん残っていたはずです。

高見順

1907-1965 没年58歳

傷ついたのは、生きたからである。

『仮面』より

作家。本名、高間芳雄。東京大学英文科卒。コロムビア・レコードに勤めるが、組合活動で検挙され、その後、左翼活動から脱退。第二次大戦中は陸軍報道班員としてビルマや中国に派遣される。晩年は日本近代文学館の設立に尽力。初代理事長となった。他の著書に『如何なる星の下に』など。

数多の受難が作品を生んだ

今よりもずっと地方の首長に力のあった時代の福井県知事、阪本釤之助を父に持ちましたが、高見順の幼少期は幸せとは言いがたいものでした。母が正妻でなかったため、阪本姓を名乗ることもなく、父親に会ったことさえないまま、婚外子としていじめを受けながら育ったのです。その後も山あり谷ありの人生を送ります。

第一高等学校、東大英文科と進み、卒業後は会社員として勤め、結婚もしますが、左翼活動に関わったため治安維持法で検挙されます。三か月間拘束され、活動から脱退する手記を書きようやく出獄したのも束の間、妻が他の男と失踪します。

この間の体験を書いた『故旧忘れ得べき』で第一回芥川賞候補になるなど、作家としては地歩を築きます。しかし、第二次大戦では陸軍報道班員として戦地の悲惨さを目にし、戦後は日本のあり方を反省し、深く苦しむことになります。

晩年には四度の食道癌の手術を経験し、その苦しみを詩集『死の淵より』に綴りました。満身創痍の人生ですが、こうした苦しみこそが、彼にとって生の一つの証だったのでしょう。最後にもう一つ、高見順の別のことばをあげておきます。

「生の完全な燃焼が死だ。生の躍動と充実の究極が死だ」。

菊池寛

1888-1948 没年59歳

老人になっていつまでも
生きていなければならぬとしたら、
こんな悲惨な事はない。
死ということは、
人間生活にとってやはり一つの救いなのだ

荒俣宏『知識人99人の死に方』より

作家。第一高等学校文科に入るが、卒業直前に友人の罪を着て退学。同級には芥川龍之介、山本有三らがいた。のち京都帝国大学英文科に進み、卒業後、時事新報社に勤めながら作家としての地歩を築く。文藝春秋社を興し、大映の社長も務める。著書に『恩讐の彼方に』『藤十郎の恋』『真珠夫人』など。

幕切れは突然訪れる

菊池寛自身の人生にとっても、はたして死は「一つの救い」だったのでしょうか。59歳という、当時としてもまだ老境とは言えない年齢での突然死でした。皮肉にも、自宅に人を集めて胃腸病からの快気祝いをしていたさなか、狭心症で逝ったのです。しかも、出版社や映画会社の社長であったことが災いして戦後に受けた公職追放もまだ解けていませんでした。

菊池が他の文士たちと大きく異なるのは、実人生での身の処し方です。『真珠夫人』などで文名を高めたあと、『文藝春秋』を創刊し、同名の会社を興し、のちには東京市会議員にもなります。実業や政治においても辣腕を揮いました。

文士と言えば、とかく生活能力に問題があって身を持ち崩しがちなイメージがあるのではないでしょうか。

親友の芥川龍之介（74ページ）は自殺しました。しかし菊池はその名を冠した文学賞を創設し、彼の名を世に留めようとしました。会社や文藝家協会を興して、他の作家たちの生活を守ろうともしました。

活躍のさなかでの死に、思い残すことはなかったのかと尋ねたく思います。

さくらももこ

1965-2018 没年53歳

おれはぜんぜんこわくないね
死ぬときゃ死ぬんだ
先のことを悲嘆するより
今この酒がうまけりゃいいんだ

『ちびまる子ちゃん』より

漫画家。作家。静岡県清水に八百屋の次女として生まれる。高校時代から漫画の投稿をはじめ、短期大学在学中にデビュー。卒業後OLとなるも勤務中に居眠りなどしてわずか二か月で退社。その年に『ちびまる子ちゃん』の連載がはじまる。十年に及ぶ乳癌との闘いの末、死去。エッセイに『もものかんづめ』など。

これぞ「父ヒロシ」が愛される理由

『ちびまる子ちゃん』に登場するヒロシ、すなわち主人公まる子の父のセリフです。漫画を読んだ、あるいはアニメを見たことのある人ならおわかりでしょうが、昭和の典型的な三世代同居のさくら家の中で、〝大黒柱〟であるはずのヒロシは、しかし昭和の典型的なモーレツサラリーマンではありません。

酒と煙草が大好きなのは時代として普通だとしても、いつものん気で面倒くさがりで、晩酌のほろ酔い気分で人の癇に障ることをぼそっと呟く、なかなかにすかした人物です。それでも決して憎めないのは、家父長風を吹かせることなく、そのだらしなさに一本筋が通っているからでしょう。この名言に対して語り手は、「これがヒロシの人格の全てである」とすら述べています。

そして、このヒロシにいちばんよく似ているのが次女のまる子です。まる子の本名は「さくらももこ」と設定されていますが（ちなみに作者の実父の名前は広だそうです）、とすれば、作者もまた似た死生観をもって死の床に就けたかもしれません。癌と闘いながらも最期まで精力的に仕事を続けました。『ちびまる子ちゃん』は国民的アニメとして、今も老若男女に明るさを届けています。

石坂泰三

1886-1975 没年88歳

人生はマラソン、
短距離で
一等をもらってもしょうがない

梶原一明監修『石坂泰三　困難に打ち勝つ知恵』より

実業家。東京帝国大学法学部を卒業後、逓信省に勤務したが、第一生命保険に移り、のちに社長となる。東京急行電鉄などの役員も兼務し、のちに東京芝浦電機再建に社長として尽くした。経済団体連合会会長ほか、経済界のさまざまな要職に就き、戦後の財界をリードし、財界総理と呼ばれた。

短距離走の負けをばねにする

東大法学部、逓信省、第一生命保険と東芝の社長、経団連会長と人生のレースをたやすく制していったように見える石坂泰三ですが、実は旧制中学の受験には失敗していました。さらに、東大法学部から逓信省というのは官僚コースとしては成功とは言えなかったようです。つまり受験、入省をゴールに置く短距離走で考えれば、レースには負けていたと言えるかもしれません。

しかし人生全体という長いマラソンで逆転、大勝利を収めるためには、短距離走での敗北が必要不可欠だったと思われます。旧制城北中学受験には落ちたものの、だからこそ奮起し、翌年、より上位とされた東京府尋常中学の合格を勝ち取ったのです。もし先に城北に受かってしまっていれば、それ以上を目指しはしなかったかもしれません。

石坂は「自分のペースに合わせて、息切れず、疲れすぎをせず、ゆうゆうと歩を進めて、とにかくその行き着くところまで、立派に行き着けばよろしい」とも言っています。石坂の言う勝負は、必ずしも他人との争いを指していません。

戦後、吉田茂から大蔵大臣就任を持ち掛けられた時も、固辞しました。自分のゴールはそこにはない、と見定めていたのでしょう。

阿部次郎

1883-1959 没年76歳

死は生の自然の継続である。
最もよき生の後に
最も悪き死が来る理由がない。
……死に対する最良の準備が
最もよく生きることにあるは疑(うたがい)がない。

『三太郎の日記』より

哲学者。第一高等学校で斎藤茂吉、岩波茂雄らと交友を持ち、東京帝国大学哲学科を卒業後、夏目漱石のもとに通う。自己省察の記録である『三太郎の日記』によって人気を博し、人格主義を展開。のちに東北帝国大学教授となり、西洋思想の紹介ばかりでなく、日本文化の研究を深めた。他の著書に『徳川時代の藝術と社会』など。

大正時代の若者の心を支えた、強い信念

阿部次郎が、自身の内省をそのまま三太郎という架空の一青年に託して綴ったエッセイ『三太郎の日記』の一節です。この本は、大正から昭和のはじめにかけて、学生必読のバイブルと呼ばれました。「三太郎」とは愚直な人間の代名詞のようなもので、主人公は自身の愚かな言行を赤裸々に語るとともに、理想を求め続けます。国は豊かになりゆくなかで、しかしそれだけでは満たされない空虚を抱える当時の若者たちに、慰めと励ましを与えました。

死が生からの流れの上にあるのは「自然」＝あたりまえです。ただ、それがたんなる終点だと思えば、どんなすばらしい生も、すばらしいからこそ逆に、死によってすべてが台無しになってしまうようにも思えます。ですから、すばらしい生の後にすばらしい死が来る、というのは論理というよりは一つの信念と言えます。必ずや死を迎える生を支えるのは信念なのでしょう。

阿部は戦時中に東北帝大の法文学部長だったとき、軍部からの「すぐに役立つ人間をつくれ」との命令に、「すぐに役立つ人間はすぐに役立たなくなる」と言って突っぱねたそうです。阿部自身が強い信念の人間でもありました。

中村天風

1876-1968 没年92歳

明日死を迎えるとしても
今日から
幸福になって遅くないのです。

『折れない心！』より

思想家。語学と剣術をよくし、学生時代に刃物で切りかかってきた相手を逆に刺殺してしまう。正当防衛が認められたものの、学校は退学処分となり、のちに日露戦争で諜報部員となる。戦後、実業家として活躍する一方、自ら道を求め、またそれを人にも説いた。その教えは「天風会」という団体が今に伝えている。

死を覚悟してたどり着いたやさしさ

平易ながらも力づけてくれることばです。中村天風の教えは東郷平八郎や原敬、松下幸之助や稲森和夫など、各界を代表する人物に影響を与えました。

日露戦争で満州に渡り、16歳で帝国陸軍の諜報部員になりますが、結核に罹患。死の淵から回復し、のちに出会ったヨガの聖者についてヒマラヤの麓の村で二年半の修行を積みます。帰国の途中、辛亥(しんがい)革命に関わるなど、スケールの大きな活躍をした天風は、帰国後、一時期は実業に励み、銀行の頭取まで務めます。

しかし突然、43歳のときに、「統一哲医学会」を立ち上げ、自身の思想を広めることにしました。そこには呼吸法なども含まれるようですが、天風の教えはあくまで常識的かつ合理的です。超自然に頼ることはありません。

むしろ「縁起がどうのこうの、日の良し悪しや占いが迷信がなんて、みんな自分自身に、消極的な暗示をかけているんですよ」と言って、非科学的な迷信を一切否定します。若い頃、一度は死を覚悟し、しかしだからこそその後の人生の一日一日を大切に、幸せに生きることを心掛けました。今も共感する人は多く、あの大谷翔平も天風の本を愛読しているそうです。

一休宗純

1394-1481 没年87歳

門松は
冥途の旅の　一里塚
めでたくもあり
めでたくもなし

〈正月に飾る門松は、
死へ向かう旅の里程標のようだと思うと、
めでたいともめでたくないとも言える〉

『日本国語大辞典　第二版　第三巻』より

室町時代の僧。後小松天皇の御落胤だったと言われる。六歳で仏門に入るが、男色・女色・肉食・飲酒などの戒律を平気で破った。詩、狂歌、書にと風流三昧の生活を送り、マラリアで世を去る。臨終に際してのことばは「死にとうない」だったと伝えられる。詩集に『狂雲集』など。

「とんち小僧」のイメージをくつがえす、シニカルな狂歌

ご存じ、とんち小僧・一休さんのものとされている狂歌です。とんち話やアニメなどで、機転の利く小僧さんというイメージが定着しているかもしれませんが、成長してからの一休宗純はなかなかひねくれた人物だったようです。

一説には、正月になると、杖の頭に髑髏(どくろ)を一つ載せて行脚し、この歌を唱えて回ったというのですから、一休さんに訪ねられた家では正月気分をぶち壊しにされた気がしたことでしょう。

誕生日を祝う習慣のなかった時代には、人は正月一日に一斉に一つ齢をとりました。つつがなく一つ齢をとれたことは喜ばしいことではありますが、同時にそれはまた、残された時間が確実に減ったことを意味します。このことばは、前者ばかりに浮かれ騒いで後者を忘れてしまわないよう、戒めを与えようとしたものでした。

もちろん、私たちは年に一度、一気に死に近づくわけではなく、毎日毎日、少しずつ死んでいます。

それを意識するために、机の上に髑髏を載せて「死を忘れるな(メメント・モリ)」と日々自らを戒めたという西洋中世の学者たちも、一休と似た考えだったと言えます。

尾崎翠

1896-1971 没年74歳

身辺があまりに暑くなると、人間は、しばらくのあいだ死ぬ考えを止します。

『地下室アントンの一夜』より

作家。日本女子大学国文科在学中に『無風帯から』が『新潮』に載るが、そのことが大学から問題視され、退学に追い込まれる。実家からの支援を受けながら作品発表の場を広げるが、次第に心身に不調をきたし帰郷した三十代後半から沈黙を保った。作品に『アップルパイの午後』『第七官界彷徨』『こほろぎ嬢』など。

夏は死にたくなくなる季節……かもしれない

尾崎翠の短編、『地下室アントンの一夜』の一節です。

再評価の波を何度も経験し、一部に強いファンを持つ尾崎ですが、その人生も浮き沈みの激しいものでした。地元の小学校を首席で卒業後、高等女学校に進むも、父が事故で急死し、卒業後すぐに小学校の代用教員となります。

雑誌投稿が認められるようになると、教員を辞め、東京の兄を頼って日本女子大学に入学しますが、『新潮』への小説発表が問題視され、やむなく退学。

その後、作品を発表しつづけますが、常用していた薬物の影響で幻覚に襲われるようになります。ようやく批評家たちから高く評価されはじめたときでした。

その後はほとんど何も書かず、戦後の再評価に際しても、NHKのインタヴューを頑なに拒んだと言われています。謎の後半生を送り、ひっそりと逝きました。

自殺を考えたこともあったのかもしれません。暑くなって自殺する気力もなくなるのかどうかは知りませんが、たしかに日本の自殺数は3～6月がピークで、夏からは下がります。不思議な感覚世界を描いた作家でしたが、その鋭敏な感覚は人間の心理を巧みに捉えています。

松下幸之助

1894-1989 没年94歳

これでも死んでいる人よりましや

『松下幸之助 成功の金言365』より

実業家。小学校を四年で中退し、大阪に奉公に出る。大阪電灯の見習い工員となり、関西商工学校夜間部で学ぶ。のち二股ソケットを考案し、独立して松下電器製作所を設立。事業を飛躍的に拡充させ、現在のパナソニックに至る礎を築く。また日本の発展に寄与すべく、PHP研究所や松下政経塾を創設した。

「生きている」ことのとてつもない価値

松下幸之助が苦労して興した松下電器製作所は、戦後、ＧＨＱにより制限会社に指定され、松下自身も公職追放にあいます。50歳のときでした。

「窮状に陥っても悲観しないことです。自分は（戦争で）財産が一瞬にして無くなったことがありました。しかも莫大な個人負債ができたんです。普通は首でも吊ってしまわなければならないほどの困難な状態ですわ。しかしこれでも死んでいる人よりましや、弾に当たって死んだ人もたくさんあることを思えばぼくは恵まれてる、こんなに恵まれている自分は幸せや、ありがたいことや、そう思ったら悲観することはない。それで歓喜をもってこの困難に取り組んでいこうと考えてやってきたと思うんですよ。」名言はこの文脈で語られました。

経営にあたってつねに喜びと感謝をもって、社員を家族のように扱ってきたからでしょう。ＧＨＱに対する社員たちの嘆願により松下は社長に復帰し、松下電器は躍進、松下は「経営の神様」と呼ばれます。

「失敗したところでやめてしまうから失敗になる。成功するところまで続ければそれは成功になる」という信念の下、生に感謝して困難に取り組み続けました。

土光敏夫

1896-1988 没年91歳

さびつくより、すりきれるほうがまし

『新訂・経営の行動指針』より

実業家。東京工業高等学校卒業後、石川島造船所に入社。経営不振だった石川島重工業本社の社長となり立て直しに成功。播磨造船所と合併、会長となる。また業績の悪化していた東芝を社長として再建。第四代経団連会長となる。第二次臨時行政調査会の会長として国鉄・電電公社・専売公社の民営化を進めた。

究極の二択、どちらを選ぶ？

土光敏夫は、石川島芝浦タービンへの出向時代にその猛烈な働きぶりによって「土光タービン」とあだ名をつけられます。その後、経営難に陥った石川島、東芝では会社の社長として再建を成功させ、つづいて第四代経団連会長として大企業と行政との橋渡し役を務めたのち、政府に請われて第二次臨時行政調査会の会長に就任し、「行政改革の鬼」とも呼ばれました。

こういうがむしゃらな働き方は、今の時代には合わないかもしれません。「すりきれる」ことを部下に求めればすぐにパワハラで訴えられるでしょう。しかし、土光はただ自分がこう生きてみせたのです。使わないままさびつくよりは、すりきれるまで回転してエネルギーを生み続けるタービンでありたいと。

社長時代に造船疑獄で収賄を疑われますが、聴取に向かった検事は、土光が社長にもかかわらずバス停でバスを待っているのを見た瞬間に無実を確信したそうです。会社再建のために、まず自分の経費節減から始めたのです。こういうトップがどれほどいるでしょうか。「地獄の底から、これからの日本を見てるからな」と言い残して死んだ土光の目に、今の日本はどのように映るのでしょう。

石牟礼道子（いしむれみちこ）

1927-2018 没年90歳

生きることは、
この世に用があって
生きている

石牟礼道子・伊藤比呂美
『死を想う　われらも終には仏なり』より

作家。熊本県天草の石工の家に長女として生まれる。水俣実務学校卒業後、小学校の代用教員となるが、しばらくして結婚、翌年、長男誕生。詩歌を中心に同人誌活動に入る。長男が入院した病院で奇病の存在を知り、水俣病患者を支援する活動をするとともに、『苦界浄土』を刊行、大きな反響を得る。

みんな、この世に「用」がある

存命であれば、ノーベル文学賞に最も近いところにいた日本人作家だと思うのは私だけではないでしょう。デビュー作『苦界浄土―わが水俣病』は、水俣病の存在を知った石牟礼道子（いしむれみちこ）が患者から聞き書きしてまとめたもので、第一回大宅壮一ノンフィクション賞に選ばれましたが、辞退しました。今なお苦しんでいる人たちがいるのに、自分一人が受賞という栄誉を得ることはできないという理由でした。

その後、三部作を成す続編を書き続けることで、辛苦を舐めながらも尊厳を失わない水俣病患者たちの声なき声をすくいあげるとともに、患者を支えるための社会活動にも熱心に携わります。

この名言自体は水俣病とは無縁の文脈で語られたものです。それでも患者たちに寄り添い続けてきた石牟礼のことばだと考えると、どれほど苦しくても、あるいは自分が役立たずに思えても、生きていることに意味があるということが重みをもって聞こえてきます。自身はパーキンソン病を患いながら90歳まで生き、その死に際しては今の上皇后陛下が「日本の宝を失いました」と述べたと伝えられます。十分に「用」を果たした一生でした。

斎藤茂太（さいとうしげた）

1916-2006 没年90歳

生あるものは必ず死ぬ。
死を受け入れなければ、
生の意味も理解できない。

『いい言葉は、いい人生をつくる』より

精神科医・作家。同じく精神科医にして歌人だった斎藤茂吉の長男。弟に北杜夫を持つ。明治大学文芸科を経て、昭和医学専門学校、慶応大学大学院に進み、父の後を継いで精神科医となる。エッセイストとしても知られ、多くの著作を通じて読者を励まし続けた。著作に『茂吉の体臭』『不完璧主義』など。

ポジティヴに生きるために「死」を考える

斎藤茂太の本名は「しげた」ですが「モタさん」と呼んで親しまれ、エッセイでも、また数多く行った講演でも、人を励ますさまざまな前向きなことばを残しました。

「大きくても30センチほどのヤマメと、その倍もあるサクラマスが、もともとは同じ魚だということをご存じですか？　川での生存競争に敗れたヤマメの一部が、餌を求めて海へと下り、餌が豊富な海を回遊するうちに大型化したのがサクラマスなんだそうです。そのときは負けたように思えても、自分で自分に見切りをつけなければ、人生に『負け』なんてものは存在しません」。

ただむやみに「がんばれ」と励ますのと違って、ものの見方を変えてくれる根拠を与えてくれました。モタさんは、「死」などネガティヴになりがちなことにはあまり触れませんでした。でも実は「生」をポジティヴに捉えるためには、「死」という現実をきちんと受け止め、それまでの間になにができるか、という考え方をしなければならない、とこの名言は語っています。

また「人生に失敗がないと、人生を失敗する」とも言っています。死も失敗も、避けるのではなく、向き合うことでこそポジティヴな生を送れるということです。

北杜夫（きたもりお）

1927-2011 没年84歳

青年の観念的な死への傾斜は人生の始まりである

『どくとるマンボウ青春記』より

作家。本名、宗吉。父は斎藤茂吉、兄は茂太。東北大学医学部を卒業後、一族の斎藤神経科病院に勤め、そのかたわら小説を執筆。ナチス支配下のドイツの精神科医の悲劇を描いた『夜と霧の隅で』で芥川賞を受賞。他の著作に、自らの一族を描いた『楡家の人々』など。エッセイに『どくとるマンボウ』シリーズなど。

「死にたい」と思ったときから人生が始まる

『どくとるマンボウ』は明るいユーモアで人気を博したエッセイのシリーズですが、自身の青春期を描くなかに突然、この深刻なことばが挟み込まれます。

このことばの直前では、「自殺するならとにかく三十歳まで生きて」みることを若い読者に勧めています。また直後では、《死というものを常々考えもしない人はまずヌキにして、「死への親近感」からはじまった人々が、ついに「生への意志」に到達するのがあくまでも人間的な生き方というものである》と言っています。煩悶の一切ない人を小馬鹿にしつつ、青年時代の「死への傾斜」を乗り越えることが人間としての成長だと言うのです。

北杜夫（きたもりお）は死を想う青年そのものを否定したのではありません。そもそも自分自身もその一人だったのですから。40歳手前からひどい双極性障害を患いますが、鬱の兆候は20歳あたりから出ていたようです。躁状態のときには株で数億円負け、出版社や作家仲間から莫大な借金をし、それが鬱の種になりますが、「書く」という「生への意志」によって生きのびます。そして生きながらえてみれば、死を願ったことすらも、ユーモア溢れる話のタネになりました。

白洲次郎

1902-1985 没年83歳

死んだらクサルということだ

北康利『白洲次郎 占領を背負った男』より

政治家、実業家。ケンブリッジ大学への留学後、貿易会社に勤め、そこで英国特命全権大使だった吉田茂と昵懇（じっこん）の間柄になる。戦後、吉田に請われて終戦連絡中央事務局参与となり、日本国憲法成立などに関与。その後、貿易庁長官に就任、通商産業省を誕生させる。政治から手を引いた後は東北電力会長などを務めた。

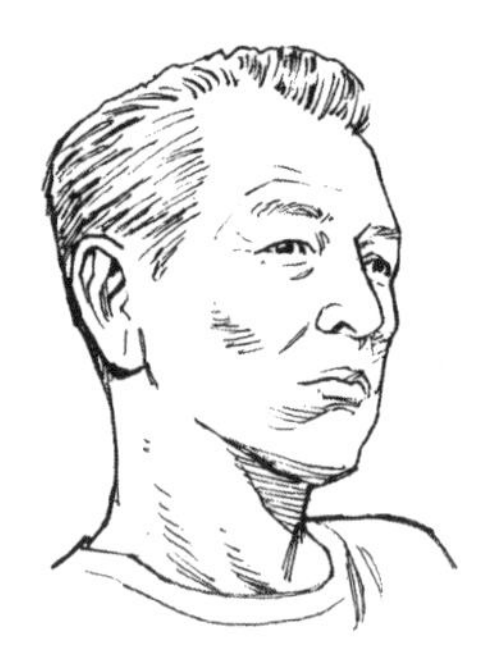

白洲次郎らしさあふれるモットー

芦屋の裕福な貿易商の家に生まれ、名門・神戸一中を卒業後、当時の日本人としては珍しくケンブリッジ大学に留学しますが、昭和恐慌のあおりで実家が倒産、やむなく帰国。その後、吉田茂と知り合い、目をかけられるようになります。

太平洋戦争開戦に際しては欧米をよく知る者として反対し、戦時中は東京郊外に建てた田舎家に籠りますが、戦後、吉田に請われ、ＧＨＱとの交渉にあたります。留学時代に培った英語と交渉能力によってＧＨＱの要求に対してときに頑強に反対し、「従順ならざる唯一の日本人」と呼ばれるほどの気骨を示しました。昭和天皇からのプレゼントを運んだ際に、マッカーサーがぞんざいな扱いをすれば激怒し、サンフランシスコ講和条約締結の際に吉田がＧＨＱに媚びるかのような英語演説をしようとしたときも激怒し、日本語で演説させたそうです。

そんな次郎が、生前にモットーを尋ねられたときに答えたのがこの名言です。どれほど活躍したとしても、死ねば一切が無になる。死者にいつまでもかかずらってはならないということでしょう。ただ「葬式無用、戒名不要」とだけ遺言し、そのとおり葬式は出させませんでした。気骨を貫いた人生でした。

白洲正子

1910-1998 没年88歳

命を大切にすることより、
酒でも遊びでも恋愛でもよい、
命がけでなにかを実行してみることだ。
そのときはじめて命の尊さと、
この世のはかなさを実感するだろう。

『夕顔』より

作家。樺山愛輔（かばやまあいすけ）伯爵の次女として生まれ、幼少の頃から能に親しみ、女性としてはじめて能楽堂の舞台に立つ。学習院女子部初等科修了後、14歳で米国留学。帰国の翌年、19歳で白洲次郎と結婚。古典文学、工芸、骨董、自然などについての随筆を多数執筆。著書に『能面』『かくれ里』『日本のたくみ』『西行』など。

命を賭ける対象は、何だっていい

前項の夫・白洲次郎が実業の世界で辣腕を揮ったのに対し、妻の正子は文学芸術といった美の世界にひたすらのめりこんだ女性でした。4歳から能の稽古をはじめてはいましたが、広く文学や美術に踏み込むのは戦後、三十代も半ばの頃でした。

小林秀雄、青山二郎、河上徹太郎という当代一流の評論家たちとの出会いが、彼女のその後の人生を変えたのでした。彼らの友情、彼らの間で交わされる会話のレベルの高さに嫉妬し、自分もなんとか仲間入りしたいと、飲めない酒をつきあって三度も胃潰瘍になりながらも彼らに食らいついていきました。

青山に倣って骨董を蒐集し、古典文学を読み直すなかで独自の審美眼を鍛え、「美の目利き」と言われました。食にもこだわりをみせましたが、自身では全く料理をすることはなく、得意料理を訊かれると、「トースト」とうそぶいていたそうです。自ら創り出すよりも、ただ「見る」ということに賭けた人生でした。

そうした自身の生き方から生まれた名言です。命の大切さなど忘れて何事かにすべてを賭ける、そうすることではじめて命の大切さに気付く、というのは一つの逆説的真理ではないでしょうか。

柳宗悦（やなぎむねよし）

1889-1961 没年72歳

実に多くの職人たちは、
その名を留（とど）めずに
この世を去ってゆきます。
しかし彼らが親切に拵（こしら）えた品物の中に、
彼らがこの世に活きていた
意味が宿ります。

『手仕事の日本』より

思想家。学習院高等科卒業の頃に文芸雑誌『白樺』の創刊に参加。東京帝国大学哲学科を卒業後、朝鮮の無名の職人が作る陶磁器の美に目覚め、日本の日用品にも同様の美を見出す。日本各地の手仕事を調査・蒐集するなかで、「民藝」の新語を作り、民衆の生活の中にある美を求める民藝運動をはじめた。

「無名の人」がこの世に残すもの

創刊に加わった雑誌『白樺』は志賀直哉らの文学作品を載せるとともに、印象派など西洋美術の紹介の面でも非常に大きな働きをしました。柳宗悦（やなぎむねよし）はそこでオーギュスト・ロダンを日本に紹介すべく、本人と直接文通をし、作品を入手します。

しかし柳は次第に、西洋のそうした個人性を前面に押し出した作品とは対照的な、朝鮮や日本の無銘の日用品に宿る素朴な美に心惹かれるようになります。

「虎は死んで皮を残す、人は死んで名を残す」と諺（ことわざ）には言うものの、実際に歴史に名を残す人間はごくごく一握りにすぎません。しかし柳が見出し愛した雑器たちは、美術館に飾られて遠くから眺められるのではなく、日々実際に手に取って使用されるものです。そこには使う人が使いやすいようにという職人たちの「親切」が宿っており、それこそが彼らの生きる意味だ、と柳は言います。私たちの肩の凝りをほぐしてくれることばではないでしょうか。

ただしそれには一つの条件があります。柳はこの前で、どんな仕事であれ、職人たちは「仕事への誇り」を持っていたと語っています。「誇り」を持てないのであれば、皮も名も、そして仕事も残らないでしょう。

吉田兼好

1283-1352 没年69歳※

人皆生を楽しまざるは、死を恐れざる故なり。死を恐れざるにはあらず、死の近き事を忘るゝなり。

〈誰しも人生を楽しんでいないのは、死を恐れていないからだ。
というより自分が死ぬことを忘れているからだ。〉

『徒然草』より

随筆家。歌人。本姓は卜部（うらべ）だが、代々吉田神社の神官の家柄であったため、のちに「吉田」と称される。また、30歳前後で出家したため「兼好法師」とも。歌人として名を成し、晩年に足利氏の執事で歌人でもあった高師直と近づきになるが、後世にはなにより随筆『徒然草』の作者として知られる。

※生没年は諸説あり

ただの退屈なご隠居じゃありません

『徒然草』の「つれづれなるままに日暮らし、心にうつりゆくよしなしごとを……」という有名な冒頭から、吉田兼好を山の中の草庵で一人寂しく退屈に暮らす老人とイメージする人も多いかもしれません。ただ、兼好の生涯については、30歳頃に出家したこと以外の詳細は不明で、出家の原因もわかっていません。ですが、このことばからすると、決して悲観的、厭世的ではなかったにちがいありません。

では、死を忘れないことが人生を楽しむこととはどう結びつくのでしょうか。兼好は別のところで、「存命の喜び」は「財」であり、それを「忘れて、危く他の財を貪るには、志満つ事なし」と言っています。〈今日も命があるという喜びこそが財産なのであり、それを忘れて他の欲望を追求しても満足は得られない〉ということです。そしてこの「財」を忘れる者を「愚かなる人」と呼んでいます。

与えられた生には限りがある。それを知り、正しく恐れるときに生はより貴重なものとなり、今日も生きているということに喜びが生まれます。「つれづれなる」つまり、することもない一日に思えても、生きているだけで感じられる喜びに包まれて書かれたのが『徒然草』だったのでしょう。

梅崎春生

1915-1965 没年50歳

どの道
死ななければならぬなら、
私は、納得して死にたいのだ

『桜島』より

作家。東京帝国大学国文科在学中に短編『風宴』を発表。卒業後、まず陸軍に召集され、病気で一時帰郷するが、のち海軍に再び召集され敗戦を迎える。軍隊生活に取材した『桜島』『日の果て』など戦争を描いた作品で地位を確立した。他の作品に『狂い凧』『幻花』など。

戦争になんの意味があるのか

梅崎春生が自らの体験をもとに戦後すぐに書き上げた小説『桜島』の一節です。沖縄は既に占領され、いつ米軍が上陸してきてもおかしくない桜島で、若い主人公はこう考えます。上官に向かって「私も死ぬなら、死ぬ時だけでも美しく死のうと思います」と言いますが、何度も激戦を潜り抜けて来た嫌味な上官はそれをせせら笑います。別の上官も、美しく死にたいというのは感傷に過ぎないと諭しました。

経験も豊富で戦争の本質を知り尽くしているはずの人間からそう言われ、主人公の精神は混乱します。では勝ち目のない戦いを続けることに何の意味があるのか。まだ30歳の自分はなぜここで死ななければならないのか。そもそも自分はなんのために生まれてきたのか。

遺書を書こうにも、ことばが頭の中をぐるぐる渦巻くばかりで、「遺書」の二文字より先に筆が一向に進みません。

そしてこうした問いを突き付けられたまま、なんの答えも出ないまま、戦争はラジオからの音声で突然終わります。主人公は戦争を生き延びますが、はたして最後は「納得して」死ぬことができたでしょうか。

死の名言

第4章

かみしめる

山田風太郎

1922-2001 没年79歳

人間の死には、早過ぎる死か、遅過ぎる死しかない

『半身棺桶』より

作家。代々の医者の家系に生まれ、東京医科大学に進む。戦後に卒業するが、自らは医師には不適と考え、小説家の道に進む。『魔界転生』や『忍法帖』シリーズといった荒唐無稽な時代小説から、史実を基にした明治物、SF、少年少女向けのものまで幅広いジャンルで多くの読者を魅了した。他に『人間臨終図巻』など。

「ちょうど良い」死の難しさ

異形の忍者たちが活躍する『忍法帖』シリーズなど、エンターテインメントに徹したその作風が今でも人気の山田風太郎ですが、実人生はそこからは到底窺い知れない暗い影を宿していました。両親ともに医者の家系で、父は地元兵庫で医院を開いていましたが、風太郎が5歳のときに脳卒中で急死。その後、14歳のときには母も肺炎で亡くします。これは、彼にとって「早過ぎる死」であったに違いありません。

浪人中に受けた徴兵検査では胸膜炎のために入隊を免れますが、しかし時は第二次世界大戦末期、召集された多くの同世代は二度と還らぬ人となりました。生き延びた喜びより、不合格に疎外感を、死に遅れたことに罪悪感を覚えました。

以来、死を見つめつづけ、『人間臨終図巻』で古今東西の有名人の死にざまを描きました。この名言はその仕事を振り返るなかで語られたものです。

「人生の大事は大半必然に来る。しかるに人生の最大事たる死は大半偶然に来る」とも語っていた風太郎でしたが、自身は晩年、様々な病気を患い、最期を覚悟していたようなところもあります。自分の79歳の死に関しては、偶然でもなければ早過ぎも遅過ぎもしないように見えますが、本人はどのように感じたのでしょうか。

大伴旅人（おおとものたびと）

665-731 没年66歳

生ける者（ひと）
つひにも死ぬる
ものにあれば
この世なる間は
楽しくをあらな

〈人は必ず死ぬのだから、
生きている間くらいは
楽しくすごしたいものだなあ〉

『万葉集』より

奈良時代の歌人。漢文学の素養に基づいた、情感あふれる詩歌を詠んだ。大宰府の長官だったときに開いた「梅花の宴」で詠んだ「梅花の歌」の序（じょ）が、「令和」という元号の出典となった。息子の家持（やかもち）が編んだ『万葉集』に長歌一首、短歌五十三首、漢文の序を残し、『懐風藻（かいふうそう）』にも漢詩一編が残る。

光があれば陰もある

大伴旅人の生涯には、詳しくわからないところもありますが、藤原氏の勃興の陰で名門大伴氏が衰退していくなかでは比較的恵まれ、昇進も順調に重ねたようです。巧みな政治力を発揮したのかとも思われますが、歌を見るかぎり、その楽観的な人生観が奏功したのではないでしょうか。有名なのは、「酒を讃むる歌、十三首」です。

験なき　ものを思はずは　一杯の濁れる酒を　飲むべくあるらし

〈甲斐のないことを考えるくらいなら濁り酒を一杯飲む方がマシだ〉

値なき　宝といふとも　一杯の濁れる酒に　あにまさめやも

〈この上ない宝であっても、一杯の濁り酒に勝ることがあろうか〉

ここまでいくとただのアルコール依存症にも見えつつも、酒に走るのは、人間関係を泣いて忘れるためでした。宮仕えのストレスはいつの世も変わりません。

この名言は一見明るく見えるかもしれませんが、最後の「楽しくをあらな」は、〈楽しいなあ〉という感慨ではなく、あくまで〈楽しくありたいなあ〉という願望です。これも「酒を讃むる歌」のうちの一首です。彼にとって酒はどうせ死ぬ身ならできるだけ明るく過ごしたい、という願いをかなえるための手段でした。

むのたけじ

1915-2016 没年101歳

自殺を考えるのは、
生きる力がまだ十分に
残っている証拠である。
失意は発条である

『詞集 たいまつ』より

ジャーナリスト。本名、武野武治。東京外国語学校卒。報知新聞を経て朝日新聞社に入社するが、終戦のその日に、戦意高揚に関与した責任をとって退社。週刊新聞『たいまつ』を創刊、780号まで続ける。著書に『希望は絶望のど真ん中に』『99歳一日一言』『たいまつ 遺稿集』『日本で100年、生きてきて』など。

どん底でじっとしない

秋田の小作農の家に生まれたむのたけじは、いくら働いても貧困から抜け出せない格差社会の仕組みを変えようと、報道を志し、第二次世界大戦の従軍記者として中国・東南アジアの戦場を取材します。しかし、真実を伝えることはできませんでした。「国益に反することは書かない」という自主規制によって「新聞社は戦わずして殺されていた」のです。どう見ても勝ち目のない戦局を、連日「勝利」と報じていました。あたかもその罰であるかのように、終戦の前年に、3歳の娘が疫痢（えきり）で亡くなります。もし自分たちが戦局を正しく伝えていれば、戦争を泥沼化させずにすみ、娘の命も救えていたかもしれない。自責の念で失意のどん底にたたき落とされたむのは、終戦の日に即刻新聞社を辞めます。

ですが、生きる気力を失い、自殺をさえ考えたとしても、むのはそこから立ち上がります。ジャーナリストとしての自らのあり方を問い直し、三年後に故郷の秋田で週刊新聞『たいまつ』を創刊しました。紙名には、戦後の暗い世の中を照らそうという意志がこめられています。敗戦時の失意こそが発条（ばね）になったのでしょう。101歳で亡くなる直前まで反戦平和を訴え、農村の現状を伝える活動をつづけました。

吉川英治

1892-1962 没年70歳

ひとの生命を愛せない者に、自分の生命の愛せるわけはない。

『大岡越前』より

作家。小学校のときに家運が傾き中退。官庁の給仕、船具工など種々の職業を転々とするなか、独学で文学を学び、『剣難女難』『鳴門秘帖』で作家としての地位を確立。以後大衆小説を書き続けた。次第に求道的態度を強めていき、『宮本武蔵』『新・平家物語』などで国民作家として認められるようになった。

〝強者〟の定義は変わるもの

数々のベストセラーを世に送り出し、長者番付で作家中一位になったこともある吉川英治の戦後の人気作、『大岡越前』の一節です。

戦前、すでにひろく人気を獲得していた吉川ですが、戦時中は海軍軍令部の嘱託として、戦史の編纂に当たっていました。それだけに敗戦の衝撃はひどく、しばらくは筆の執れない状態が続きます。

それを見かねた菊池寛のすすめでようやく執筆を再開しますが、作風は大きく転換しました。

戦前の作品は、武蔵が相手を斬りまくる『宮本武蔵』をはじめ、『源頼朝』、『新書太閤記』など、戦いにおける強者を描き、また『三国志』では普通悪役とされる強者・曹操を魅力的に描きました。英雄豪傑の前に、弱者は次々に死んでいきます。

しかし戦後は打って変わって、キリシタン大名『高山右近』や『大岡越前』など、いわば殺さない人を主人公とします。

戦争を経て、他人の命を奪おうとする者は、実際は自分の命をもやすやすと捨てようとするという現実を目の当たりにしたからこそ生まれた名言なのでしょう。

池波正太郎

1923-1990 没年67歳

自分の死ぬことがわからないと、他人(ひと)の死ぬこともわからないんだよ。

『男の作法』より

作家。東京下谷の西町小学校卒業後、株式仲買店に勤め、その後、海軍に入隊。戦後、下谷区役所等に勤務するかたわら新聞社の懸賞戯曲に応募、二年続けて入選、これを機に劇作家になる。その後、小説も書き、『錯乱』で第43回直木賞を受賞。『鬼平犯科帳』『剣客商売』『仕掛人・藤枝梅安』の各シリーズで人気を博す。

不安でもいいから、考えてみる

『剣客商売』などのシリーズでずいぶんと人を殺してきた池波正太郎ですが、だからでしょうか、実人生においても「死」についていつも考えていたと言います。

それは彼がちょうど20歳くらいのときに戦争を経験したことが大きく、以降あと自分が何年生きるかを数えるようになったようです。若者に対しても、「自分が死ぬということを、若いうちから考えないといけない……」と諭しています。

自分の死を意識すれば、他人の死についても考えるようになり、その人が生きている間に何をしてあげられるかも考えられるようになるからです。それが「男の作法」として「全部の基本」だとも言っています。男の生きざまについて語った書物の一節ではありますが、心掛けに男女の差があろうはずはありません。

人間関係は、どちらかが死んでしまえばそれで終わりです。そう思うと、あと何回会えるのか、何を語り、お互いに何ができるのかを考えるようになるでしょう。死について考える意味はそこにあります。「死とは何か」という問いに答えを出すのが目的ではありません。それは、「これぱかりは未経験のことゆえ不安だ」という池波のことばに表れています。

岡本太郎

1911-1996 没年84歳

人生は
意義ある悲劇だ。
それで美しいのだ。
生き甲斐がある。

『壁を破る言葉』より

美術家。漫画家の一平、作家のかの子を両親に持つ。東京美術学校退学後、渡仏し、パリ大学に進学。哲学や心理学、民俗学などを学びながら、パリの同時代美術から影響を受ける。帰国後、多くの作品を制作しながら、文筆家としても活躍した。大阪万博のテーマ・プロデューサーを務め、「太陽の塔」を発表した。

劇のように生きられるか

岡本太郎は三十代で最下級の二等兵として徴兵され、帰国したら家も作品も焼けていたという悲劇をくぐりぬけ、多方面で活躍しました。「芸術は爆発だ」と叫ぶテレビのコマーシャルを覚えておいでの方もあるでしょう。

「悲惨」という意味で「悲劇」ということばを使うことはしばしばあります。しかし岡本は、ここで「悲劇」＝「悲」＋「劇」と捉えているように思われます。つまり、人生とは主観だけで生きるものではなく、他人から見られ、評価されるものだと考えているのです。

私たちは、実際に起これば悲しいことであっても、「劇」としてであれば舞台でも映画でもテレビでも好んで観るものです。むしろ、悲惨な状況を受け止める主人公に美しさや意義を感じます。

古典的「悲劇」の定義が「主人公が死ぬ劇」であるのと同様に、必ず死を迎える私たちの人生も悲しみ抜きにはありえません。とすれば、他人からその生きざまを見られることを意識して振る舞うときにはじめて、「美しい」とも「生き甲斐がある」とも言えるようになるのでしょう。

岡倉天心

1863-1913 没年52歳

美とともに
生きた者だけが
美しく
死ぬことができる。

『The Book of Tea』より拙訳

美術指導者。思想家。東京大学在学中にフェノロサに見出され、ともに東京美術学校の設立に努め、校長となるが、のちに校長排斥運動に遭い辞職。橋本雅邦や横山大観らと官学に対抗して日本美術院を設立。のちボストン美術館東洋部長。日本の伝統美術の発展に指導的役割を果たした。著書に『東洋の理想』『日本の覚醒』『茶の本』など。

千利休が示した美しい在り方

岡倉天心の生涯は、美とともにありました。文明開化とは西洋化であり、文化芸術においても日本は劣っているとされた時代にあって、果敢に闘い、日本の美を守りました。途中、自らが創立した学校を追われるなど挫折もありましたが、晩年近くまでボストン美術館の要職を通じて世界中に日本の美を知らしめ、安らかに逝きました。

ですが、天心がここで美しい死に方としているのは、自身のそれのような穏やかなものでは決してありませんでした。これは有名な『茶の本』の末尾に近い一節で、千利休について述べた箇所です。蜜月の関係にあった秀吉の不興を買い、死を賜った利休の最後の茶会についての描写で、天心はこの書を閉じました。

定式通り客たちののちに主人たる利休が自ら茶を飲み、道具拝見に移ります。掛け軸も外して客の前に道具を並べ、皆がその美を讃えると、利休はその一つひとつを形見として客に贈りますが、茶碗だけは譲りません。それは、「不幸な人間の唇によって穢された器はもはや誰も使うべきではない」からであり、利休はそれを投げ割ります。不条理な死でした。しかしじたばたと抗って無様な姿を見せることなく、従容として受け入れることができたのは、それまでつねに美とともに生きたからでしょう。

種田山頭火（たねださんとうか）

1882-1940 没年57歳

死にたくないから
生きてゐる時代もあらう、
死なゝいから生きてゐる時代もあらう、
生きたいから生きてゐる時代もあらう。
——生きずにはゐられないから
生きてゆく時代が来たらねばならぬ。

『定本山頭火全集』より

俳人。早稲田大学文科に入学するも、神経衰弱で退学して帰郷。父と酒造業を営むが失敗し、家は破産。荻原井泉水に師事し、自由律の句誌『層雲』に属する。妻子を捨て、出家し、生涯にわたって諸国を行乞放浪しながら俳句を詠みつづけた。句集に『草木塔』など。

「死にたい」でも「生きたい」でもない

「まっすぐな道でさみしい」など、自由な句を飄々と詠みつづけた俳人・種田山頭火。酒で身を持ち崩し、42歳で出家。その後全国を放浪した山頭火にとって、「生と死」は、幼少期から頭を離れたことのない問題でした。

家は山口の大地主でしたが、11歳の時、父親の女癖に悩んだ母が井戸に身を投げて死に、のちに父は酒造に手を出すも結局破産して消息不明になり、弟は自殺。その間、結婚し子ももうけていた山頭火は、新しく商売をはじめますが、失敗。その後、離婚して全国を托鉢してさすらうのですが、その極貧の旅の中で、金があれば酒に溺れ、文字通り死の淵をさまよいました。

名言の「時代」は、社会のそれではなく、あくまで個人の人生における時期のことでしょう。出家してからさえ自殺未遂を起こしたこともありました。その時は「死なないから生き」たのかもしれません。

しかし結局、松山での句会の途中に脳溢血を起こし、周りの人はまた酔って寝ているのかと思っていたところ、翌朝、死亡が確認されました。もう「生きずにはゐられない」ほどのことはこの世に残っていなかったのかもしれません。

十返舎一九（じっぺんしゃいっく）

1765-1831 没年66歳

この世をば　どりゃお暇（いとま）に
線香の　煙とともに　灰左様（はいさよう）なら

辞世

江戸時代の戯作者。駿府（すんぷ）（静岡県）の下級武士の子として生まれ、小田切土佐守に仕えるが続かず、大坂で浄瑠璃作者となる。その後江戸に出て、版元蔦屋重三郎に居候し、戯作の道に入る。硬軟さまざまな文章を書いたが、『東海道中膝栗毛』の滑稽さが大いに受け、日本で最初の専業の職業作家になった。他の作品に『金草鞋（かねのわらじ）』など。

自由な作家の潔い辞世

辞世というものはふつう厳粛なものですが、この軽妙さは『東海道中膝栗毛』の作者としての面目躍如といったところがあります。登場人物に負けず、酒と色と旅を愛したと言われる十返舎一九（じっぺんしゃいっく）の生きざまを締めくくるにはふさわしいかもしれません。

駿府（すんぷ）の町同心の子として生まれ、江戸や大坂で職を転々としながら、この間、二度入婿し、二度とも離縁されています。放蕩のためと言われています。

三十代後半に書いた『東海道中膝栗毛』の初編で大当たりをとります。それでも腰は据わらず、以来、二十年以上にわたって続編を書き継ぐために取材旅行を繰り返します。とはいえ江戸時代、旅行はそれほど気軽なものではありません。庶民にとっては一生に一度できるかどうかの娯楽でした。だからこそ『膝栗毛』のように旅を描いた作品が憧れの的ともなるのですが、一九は稼いだ稿料を旅につぎ込み、旅に生きることができました。井原西鶴とともに、日本で初の職業作家だとも言われます。

晩年は体の自由が利かず不遇だったと言われますが、辞世を見るかぎり、心ばかりは自由に生き、気ままに死んでいったのでしょう。人生の旅においても軽妙洒脱を通しました。

三木清

1897-1945 没年48歳

死の平和が
感じられるに至って
初めて生のリアリズムに
達するともいわれるであろう。

『人生論ノート』より

哲学者。京都大学哲学科で西田幾多郎らに学んだのち、ドイツ、フランスに留学し、リッケルト、ハイデガーに学ぶ。帰国後、法政大学教授となり、自己の思想を深める。終戦の年の3月に、共産主義者を匿った容疑で検挙され、9月に獄死。著書に『パスカルにおける人間の研究』『歴史哲学』『人生論ノート』などがある。

死ではなく、生に集中する

ハイデガーに直接師事し、パスカル研究で名を成し、マルクス主義をとりいれ、親鸞に親しんだ三木清の思想全体をここで語り尽くすことは到底できませんが、このことばそのものについて考えてみましょう。

若い頃は病的に死を恐れていたという三木ですが、歳を重ね、「愛する者、親しい者の死ぬることが多くなるにしたがって、死の恐怖は反対に薄らいでいく」のを感じたと言います。死をいつか必ず来るものとして、いたずらに恐れることなく受け止められるようになったことで、安んじて死を受け入れられる「死の一如」の境地に至ったのでしょう。

また、「死は一般的なもの」すなわち誰にでも共通するものであるのに対して、「生はつねに特殊的なもの」すなわちその人だけのものだ、とも言っています。ならば、誰にとっても同じものより、自分一人だけのものに集中すべきではないでしょうか。

時間とエネルギーを生に集中させれば、前向きに生きられるように思えます。ただ、三木自身は終戦の直前に治安維持法で捕まり、そのまま獄死しました。はたから見れば悲劇でしかないこの生と死を、獄中の三木はどう捉えていたのでしょうか。

井上靖

1907-1991 没年83歳

老の華やぎのあとに、
死は冷酷に、
あるいは厳然として
控えている。

荒俣宏『知識人99人の死に方』より

作家。京都大学哲学科在学中から戯曲や小説に筆を揮うが、卒業後、毎日新聞の記者となり、一時筆を折る。その後、40歳で書いた『闘牛』が芥川賞を受け、作家生活に入る。歴史小説から現代小説まで幅広い分野で活躍し、映画化された作品も多い。代表作に『天平の甍』『敦煌』『氷壁』『本覚坊遺文』など。

明るさが暗さを際立てる

次第に暗く陰ってゆくのが老いであるようにも思えますが、諺に「灯滅せんとして光を増す」とも言うように、人の生にも最後の一閃があるのかもしれません。この名言は、前に置かれている文も読むとより味わい深くなります。

「一日の終わりに夕暮れがやってくるように、人生の終わりに夕暮れはやってくる。夕暮れというものは、落日に飾られたり、残照に彩られたりして、なかなか華やかなものである。人生の夕暮れもまた同じであるに違いない。（中略）こうした老の華やぎのあとに、死は冷酷に、あるいは厳然として控えている」。

井上靖自身は、晩年に向かってあまたの賞を受け（近年、ノーベル文学賞の有力候補になっていたことも明かされました）、日本ペンクラブの会長にもなり、文字通り華やかに生涯を閉じました。

しかし、そうであればこそ、陽の落ちたあと、灯の消えたあとの暗さとのコントラストは際立ちます。老いを明るく楽しんでいる自覚があればこそ、ふとその先にあるものを考えて、その暗さ冷たさに戦慄を覚えざるをえません。井上もまた、その誰より恵まれたように見える晩年のときどきに、死の現実を見据えていたのでしょう。

西行（さいぎょう）

1118-1190 没年72歳

もろともに
われをも具して　散りぬ花
うき世を厭（いと）ふ　心ある身ぞ

〈桜よ、散るならば私も一緒に連れて散ってくれ。
この世を厭う思いを抱えたこの身なのだから〉

『山家集』より

歌人。北面の武士として鳥羽上皇に仕えるが、23歳で妻子をも捨てて出家。仏道修行、和歌に励み、諸国を遍歴。仏教的なものの見方に基づく独自の歌を確立した。『新古今集』に九十四首も採られ、松尾芭蕉など、後世に大きな影響を与えた。家集として『山家集』などがある。

すべてを捨てた人生を結ぶ一首

出家に際し、行かないでと取りすがる4歳の娘を縁側から蹴落としたという逸話などは、今ならとんでもないDVになるでしょう。ですが、西行はただ自由や解放を願って出家したわけではありません。出家というのは現世を捨てること、ある一つの生の死を意味していました。

惜しむとて　惜しまれぬべき　此の世かな　身を捨ててこそ　身をも助けめ

〈惜しんでも惜しみきれぬこの世であれば、身を捨てることこそ己を救う道だ〉

という出家宣言が示しているのは、捨てるべきものは家族よりまず自分自身だったということです。その後は漂泊の旅に身を任せ、奥羽地方から四国にまで足を延ばし、数々の歌を詠みつづけました。

願はくは　花の下にて　春死なん　そのきさらぎの　望月の頃

西行が亡くなったのはあまりに有名なこの歌のとおり、文治六年二月、望月（満月）の15日から遅れることわずか一日の16日だったと言います。

出家から実に五十年、この間に、この世は「惜しむ」ものから「厭う」ものへと変わっていました。

志村けん

1950-2020 没年70歳

夕方五時近くになっても
宙ぶらりんという人は、
能力や才能がないというより、
自分自身を解放できず、
気持ちが萎えてしまって、
うまく出来ないでいることが
多いと思うんだ。

『志村流』より

コメディアン。高校在学中に、いかりや長介の自宅に押し掛け弟子入りを談判、付き人になることを許される。はじめ加藤茶の付き人だったときに脱走したこともあったが、出戻り、やがてドリフターズの正式メンバーとなる。「東村山音頭」が大ヒットし、ピン芸人としても大活躍した。

遅咲きのスターの力強いことば

当時流行しはじめたばかりの新型コロナウイルスは、一人の偉大な喜劇人の命を奪いました。志村けんの持ち前の明るさから、誰がこの悲劇を想像しえたでしょうか。『8時だョ！　全員集合』に出演するなり人気者になった、という印象があるかもしれませんが、実際は長くて辛い下積みを経験しました。弟子入りを志願したときには、雪の降るなか、十二時間もいかりや長介を待ち続けましたが、門前払いを食わされます。それでも食い下がってなんとか仮採用されますが、仕事は付き人でした。そこからドリフの一員となるまでに六年。途中、辛くて逃げ出したこともありました。

ドリフに入ってからも二年は鳴かず飛ばずでしたが、自分の地元の「東村山音頭」のアレンジを披露したところから道が開けます。やっと自分を解放できたのです。

先の名言につづけて志村はこうも言っています。「これまでつき合ってきた自分じゃうまくいかないなら、こころの中で『変なおじさん』にヘンシ～ンって掛け声をかけてみたらいい。臆することなく思いきって、やれる」。決して早咲きではなかった志村けんのことばは、人生の夕暮れを感じる人間に大きな励みとなります。彼自身は、自分を解放して、最後までやりきったのでしょう。

新渡戸稲造

1862-1933 没年71歳

衆(しゅう)の為(た)めに努むるを生命といふなり
死とは何事をもせざるの意なり
己(おの)れを棄つるは是(こ)れ生命の始(はじめ)なり

〈人々のために努力をすることが生きるということであり、
何もしないのは死と同じである。
自分を捨てることこそから生は始まるのだ〉

内川永一朗『晩年の稲造』より

教育者、農政家。札幌農学校在学中に内村鑑三らとともに受洗し、キリスト者となる。東京大学に入学するも、翌年退学し、アメリカ、ドイツに留学。のち札幌農学校教授となる。台湾総督府技師、第一高等学校校長、東京帝国大学教授、東京女子大学学長、国際連盟事務次長などを歴任。著書に『農業本論』『武士道』など。

「きれいごと」をやり遂げる

きれいごとに聞こえるかもしれません。しかし、その生涯を振り返るなら、彼は著述家、農学者、教育者、平和活動家としてこの名言通りに生きたことがわかります。

盛岡藩士の三男として生まれた新渡戸稲造は、留学中に『武士道』を英語で書き、これが世界中に読まれて日本理解が広まりました。ルーズヴェルト大統領は何冊も買って、周囲に配ったと言われています。その後台湾で砂糖の栽培を広め、植民地経営には珍しい成功例として語られます。教育者としては札幌農学校、京都帝大、東京帝大で教鞭を執り、第一高等学校（現・東京大学教養学部）の校長となり、また女子教育にも力を入れ、東京女子大の学長も務めました。

さらに、国際連盟創設に際して事務次長に選ばれ、連盟の規約に対して人種差別撤廃提案をして過半数の支持を得ましたが、議長だった米大統領のウィルソンによって否決されてしまいます。その後、日本が連盟を脱退し太平洋戦争へと突き進むなかで、新渡戸は世界と日本との橋渡し役として尽力しますが、板挟みに苦しみます。晩年は報われたと言えない生涯でしたが、志を貫き、短い間とはいえ五千円札の顔だった新渡戸に、もっと関心が寄せられてもよいように思います。

内村鑑三

1861-1930 没年69歳

罪の苦悶と死の恐怖と、
この二つは、人が墓まで
携え行くべき道づれである。

『内村鑑三聖書注解全集』より

宗教家。札幌農学校在学中に、クラーク博士の影響で受洗。卒業後、一時官吏として水産調査に従事したが、米留学。帰国後、第一高等中学校に勤めるが、翌年教育勅語への敬礼を躊躇する不敬事件を起こして職を追われた。教会より聖書を重視する無教会主義を興す。著書に『基督信徒の慰め』『余は如何にして基督信徒となりし乎』など。

克服できない死のおそろしさ

内村鑑三は、「人の生涯は、罪を犯しつつ死を前に望む恐怖の生涯である」とも言っています。彼が敬虔なクリスチャンであることを知っている人なら、ここで言う「罪」が「原罪」のことであり、この「罪の苦悶と死の恐怖」から逃れるためにイエス・キリストの十字架上の犠牲があるのだと説こうとする彼の意図もわかるでしょう。

しかし、そのようなキリスト教の文脈を一切除いたとしても、「罪」と「死」の苦しみは、私たちが日々抱えうるものです。ちょっと立ち止まって我が身をかえりみれば、過去にやってしまったことへの後悔と、一寸先がどうなるかわからない不安とに襲われるかもしれません。

内村自身は「罪の苦悶」から逃れるために、まじめな生涯を送ろうと努め、恋愛に関しても、「慾のための愛は、愛にあらず、愛は己の利を求めず」と、聖書のとおりの理想を唱えます。かつて弟子であった有島武郎が人妻と情死したときには、その行為を讃えるような者とは絶交すると宣言しました。

しかしこれほどまでに高潔かつ敬虔な宗教者でも、「死の恐怖」を一生抱えつづけなければならなかったのです。俗人ならなおさら仕方のないことかもしれません。

永六輔

1933-2016 没年83歳

人間は二度死にます。

『二度目の大往生』より

放送作家。作詞家。早稲田大学第二文学部在学中から、ラジオ番組の放送作家、司会者として活動を始める。大学を中退後、日本がテレビ放映をはじめるに際してさまざまな番組制作に関わり、自身も出演した。携わった番組に『夢であいましょう』『遠くへ行きたい』、作詞した曲に「上を向いて歩こう」、著書に『大往生』など。

辞書には載っていない定義

さて、このことばはどういう意味でしょう。ちょっと考えてから、この名言の続きを読んでみてください。続きはこうです。「まず死んだ時。それから忘れられた時。」

もちろん自分が死んでしまえば、他人が自分を覚えているかどうかもわからない。その意味では、当人にとっては「最初の死」がすべてであるようにも思えます。ですが、死んだ後に他人からどんな思い出話をされるかも気になるのが人間ではないでしょうか。それは決して悪いことではないと思います。他人からどう思われるか、という意識は、うまく働かせれば自分を良い方向に変化させるのに役立ちます。

永六輔はまた「生きているということは、誰かに借りをつくること。生きてゆくということは、その借りを返してゆくこと」とも言っています。こういう心がけで生きれば、次の世代によい「貸し」を残すことができるのではないでしょうか。

放送作家、ラジオのパーソナリティ、タレント、エッセイストと幅広く活動した永ですが、なにより有名な仕事は、坂本九が歌った「上を向いて歩こう」の作詞でしょう。この歌が、大きな不幸や災害のたびに多くの人に口ずさまれるかぎり、永が「二度目の死」を迎えることはないのかもしれません。

樋口一葉

1872-1896 没年24歳

朝がほの露、風の前のともし火、
それよりも猶あやふき人の命。
いつをいつといふ限はあらねど、
老たるはさてもなん、
年若き身こそいと安からね。

〈朝顔の露や風前の灯火よりも
あやういのは人の命である。
老いた身には当然だが、
若い者こそ安心できない。〉

『一葉語録』より

作家。本名、なつ。奈津・夏子とも。中島歌子の歌塾、萩の舎に入る。貧しさの中、塾の先輩だった三宅花圃(みやけかほ)が小説で多額の原稿料を得たのを知り、貧しい家を支えようと半井桃水(なからいとうすい)に師事、『うもれ木』で認められた。若くして病没するまでの一年あまりの間に『たけくらべ』『大つごもり』『にごりえ』『十三夜』などの名作を次々に発表した。

夭折した作家の儚い死生観

2004年に五千円札の顔となった樋口一葉は、しかし自身はお金とは縁のない生涯を送りました。幼い頃はそれでも中の上くらいの暮らしをしていたのですが、長兄を病で亡くしたあたりから、家計が傾いていきます。名言はこのときを回想しつつ書かれたものです。

その後、父も亡くなりますが、次兄は放蕩が原因で分籍されていたので、一葉が戸主として母と妹を含む樋口家を継がなければならなくなりました。17歳の時のことです。通っていた歌塾は身分の高い御令嬢たちであふれていました。そこで肩身の狭い思いをしつつも、自らの文才を頼みに、小説で生計を立てようともくろみます。はじめから上手くいったわけではありません。20歳で『うもれ木』ではじめての原稿料を手にしても、一家は針仕事や借金で食いつなぐしかありませんでした。

『大つごもり』から、突然火のついたように優れた作品を次々に書き、世間で大評判になるものの、一葉の若き命はもはやとりかえしのつかないところまで蝕まれていました。没年24歳。「露の命の年若き身こそ」ということばは、兄への感慨ばかりでなく、自身への不吉な予言ともなってしまいました。

上杉謙信

1530-1578 没年49歳

死なむと戦へば生き、
生きむと戦へば
必ず死するものなり

〈死ぬ覚悟で戦えば生き残り、
生き残ろうとして戦えば必ず死ぬものだ〉

火坂雅志『武将の言葉』より

戦国武将。越後（新潟県）の守護代長尾為景の子。名は景虎、のち輝虎。兄と争った末、家督を継ぎ越後を統一。関東管領上杉憲政や村上義清らに援を請われ、北条氏康、武田信玄らと戦う。信玄との川中島の戦いは有名。のち憲政から上杉の姓と関東管領を譲られ、越中を平定後、関東あるいは上洛へ向けての大遠征を目前に病により急死した。

謙信が語るから、重みがある

戦国武将の中でもひときわ人気の高いのが上杉謙信です。「敵に塩を送る」という慣用句の由来になった、敵方武田氏へ見せた温情のエピソードもあり、血で血を洗う戦国の世にあって「義の人」というイメージを持たれています。

この逸話はどうやら後世の創作のようです。ただ、戦で窮地に陥った上杉憲政から上杉姓と関東管領を譲られ、将軍足利義輝から輝の一字をもらい名を「輝虎」としたことなどは事実です。周囲からの信頼の非常に厚い人物であったことは間違いありません。

織田信長のように新しい武器や戦術を積極的に採り入れたところは特にありませんでしたが、武神・毘沙門天を深く信仰し、越後の虎とも龍とも怖れられました。その強さの秘訣は、自分の身を固く持した上での人心掌握術にあったようです。

この名言は、「壁書」と言って城中の門や壁に掲げられたものです。謙信は陣の奥でふんぞり返って采配を振るようなタイプでなく、自ら太刀をとって先頭で戦いました。厳しい内容の名言ですが、こうした人物からのことばであれば、配下の者たちも納得して戦いに赴けたことでしょう。

黒田官兵衛

1546-1604 没年57歳

軍（いくさ）は死生の境なれば、分別するほど大義の合戦はなりがたきものなり

〈戦は生死の分かれ目であるからこそ、論理立てて考えれば考えるほど、大事な合戦はできない〉

火坂雅志『武将の言葉』より

軍師。本名は孝高（よしたか）、号は如水（じょすい）。小寺氏に仕えていたが、織田信長の中国進出に味方し、主家と断絶。その後、豊臣秀吉の参謀として名を馳せた。播磨（はりま）（兵庫県）揖東郡（いっとうぐん）内一万石を与えられたのを皮切りに、九州征伐後には豊前六郡を領した。出家して家督を子の長政に譲った後も秀吉に仕え、小田原征伐、文禄・慶長の役などでも活躍した。

理屈を超えて勝負する

日本史上最高の軍師と言っても過言ではない黒田官兵衛のことばとしては意外に思えます。しかも、激情家と言われた猛将の息子・長政に宛てての遺言だということですからなおさらです。

官兵衛は、竹中半兵衛とともに豊臣秀吉の軍師として能力を発揮し、「両兵衛」と呼ばれました。鳥取城の兵糧攻め、高松城の水攻めで秀吉の中国攻略を助けます。その最中、織田信長が本能寺で殺されると、毛利家と和睦をし、いわゆる中国大返しを促して秀吉の天下統一を助けました。

しかし、あまりの有能さに、秀吉が猜疑心を抱きます。すると、それを察して家督を長政に譲りました。その後も朝鮮出兵や大坂の陣などに加わりますが、時勢を見るに敏で、大坂では徳川に味方しています。それほど透徹した目と冷静な判断力を持ちながら、それだけで大戦(おおいくさ)は乗り切れないと考えていました。若い時には三百の兵で攻め寄せる赤松政秀の三千の兵を撃退し、千の兵で宇喜多直家の七千の兵を退けました。乾坤一擲、ここぞという大一番には小賢しいことを考えずに勝負に出る。稀代の智将のことばであればこそ、価値あるものとして響きます。

藤堂高虎

1556-1630 没年74歳

寝屋を出るより其日を死番と心得べし

〈寝所を出たその時から、その日に死ぬ覚悟をせよ〉

火坂雅志『武将の言葉』より

戦国武将。初め浅井長政に仕え、豊臣秀長に見込まれて召し抱えられ、その亡きあとは養子の秀保に仕えた。秀保の早逝したあと、出家して高野山に入ったが、豊臣秀吉に才を見込まれ、呼び戻される。秀吉亡きあとは徳川家康に側近として仕え、関ケ原の戦いおよび大坂の陣において著しい戦功を挙げ、初代津(三重県)藩主となった。

「覚悟」を決めた人は、強い

名言のあとはこう続きます。「かやうに覚悟極るゆゑに動ずる事なし」。

初めに仕えた浅井長政が織田信長に滅ぼされたのち、阿閉貞征、磯野員昌、信長の甥・織田信澄とさまざまな主のもとを転々とします。豊臣秀吉の異父弟・秀長に見出され、ようやく安住できるかと思いきや、秀長が病死。後を継いだ秀保もわずか16歳で急死してしまいます。ただその能力を目にとめた秀吉に仕えることになり、さらに秀吉没後は徳川家康の重臣となり、家康臨終の際には、外様大名の中でただ一人面会を許されたと言います。これだけ見ると、出世街道まっしぐらの順風満帆な人生だったように思えるかもしれません。

ですが、姉川の戦いにはじまり、秀吉の中国攻め、賤ケ岳の戦い、四国攻め、文禄・慶長の役、関ケ原の戦い、大坂の陣、と大きなものだけを見てもまさに戦いに明け暮れた日々を送っていました。74歳での病没は当時としては長寿でしたが、高虎の遺骸を清めた者が、文字通り満身創痍、右手の薬指も小指もちぎれ、左手の中指も短く爪がなく、左足の親指の爪もなかったことに驚いたという逸話が伝わっています。まさに死を覚悟し、動ずることのなかったからこそ生き延びたのでしょう。

佐藤一斎

1772-1859 没年87歳

我れの我れたる所以の者は、
蓋(けだ)し死生の外に在り。

〈自分が自分たる根拠は、
自己の生死を超えたところにある。〉

『言志四録』より

儒学者。美濃国(岐阜県)岩村藩家老の二男に生まれ、藩主松平乗蘊(まつだいらのりもり)の三男、後の林述斎と兄弟のごとくして育った。34歳で林家の塾頭となり、公には朱子学を講じたものの、個人としてはあくまでも陽明学を信奉し、「陽朱陰王」などと言われた。門人に渡辺崋山、佐久間象山、中村正直、横井小楠らが輩出。著書に『言志四録(げんししろく)』『愛日楼文詩』など。

生死にまどわされてはいけない

佐藤一斎は一介の儒者であり、それほど有名ではないかもしれません。ただ、門下生は三千人とも言われ、その中には佐久間象山がいて、その弟子には吉田松陰や勝海舟がいました。一斎自身は維新の少し前に亡くなっていますが、この日本の激動期に大きな思想的影響を与えた人物なのは間違いありません。またその主著『言志四録（げんししろく）』は、西郷隆盛の終生の愛読書だったことで知られています。

この名言も『言志四録』の一節です。これだけではなかなか難解ですが、この前には「昼夜は是れ一日の死生にして、呼吸は是れ一時の死生なり。ただ是れ尋常の事のみ」とありました。つまり生死は日常の一部であり、いかんともしがたいものである以上、あまりそのことで煩わされるな、ということです。

生死などに気を取られず、自分の存在理由を追究せよ、ということでもあるでしょう。一斎自身は『言志四録』で「少にして学べば壮にして為すこと有り。壮にして学べば老いて衰えず。老にして学べば死して朽ちず」と述べたとおり、いつ死が訪れても頓着せず、ただ学び続ける姿勢を示しました。だからこそ、その思想はその死の後も朽ちずに日本を動かしたのでしょう。

勝海舟

1823-1899 没年77歳

死をおそれる人間は、
もちろん談(はな)すに足らないけれども、
死を急ぐ人も、
また決して誉められないヨ。

勝部真長編『氷川清話　付勝海舟伝』より

幕末・明治の政治家。幕臣として蘭学・兵学を学び、長崎海軍伝習所に入る。咸臨丸を指揮して太平洋を横断、アメリカ社会を見聞し、帰国後、神戸海軍操練所を開き坂本竜馬らを育成した。のち陸軍総裁として西郷隆盛と会見し、江戸無血開城を実現。新政権への引き継ぎを行い、下野ののちは徳川家の後見と旧幕臣の生活救済に努めた。

激動の時代を、広い視野で見る

勝海舟は幕末から明治への激動期にふさわしく、剣術の免許皆伝を受けたばかりでなく、佐久間象山の勧めによって西洋兵学も修めました。その能力を見込まれて、幕府の海軍政策において中心的な地位を占め、さらに陸軍総裁にまで上りつめます。

しかし、海舟は他の幕末の志士たちとは異なり、その剣の腕前も軍事的知識も、実戦で用いることはありませんでした。その生涯の最大の功績とされるのは、江戸無血開城でしょう。薩長を中心とする官軍が江戸に迫るなか、それでも幕府に戦う力はまだありました。しかし、戦いが長引けば、江戸の街が火の海になるばかりでなく、イギリスやフランスがその隙に乗じて日本に植民の手を伸ばすおそれもありました。

晩年に赤坂氷川にひっそりと暮らした海舟は、武士としての自己の生き死によりもっと大きなことを考えていました。名言はそのとき自分の生きた激動の時代を振り返って語った『氷川清話』の一部ですが、それにこう続けています。「日本人は、一体に神経過敏だから、必ず死を急ぐか、または死を懼(おそ)れるものばかりだ。こんな人間は、ともに天下の大事を語るに足らない」。海舟の死生観が、日本を窮地から救ったと言えるかもしれません。

大佛次郎（おさらぎじろう）

1897-1973 没年75歳

死は救いと言いながら、
そうは悟りきれぬものである。

『砂の上に』より

作家。東京帝国大学政治学科卒業後、外務省の嘱託となるが、関東大震災を機に辞職し、文筆に専念する。『鞍馬天狗（くらまてんぐ）』シリーズで大人気を博す。『赤穂浪士』『パリ燃ゆ』『帰郷』『地霊』など歴史と社会に取材した作品も多い。1967年から死の直前まで朝日新聞連載のライフワーク『天皇の世紀』を執筆するなど幅広く活躍した。

仕事にかじりついた人生

大佛次郎の名は、なにより『鞍馬天狗』とともに今後も記憶されてゆくことでしょう。時代小説を書きはじめて間もない頃に登場させた脇役「鞍馬天狗」がヒーローとして独り立ちして、その後四十年以上にわたって書き継がれる大ベストセラーになります。戦後は一時内閣参与になるなど、地位も名声も存命中に手に入れました。

とはいえ、地位や名声を目的としていたわけではなく、仕事をすること自体に自分の存在意義を認めていました。癌との闘病中も続けた『天皇の世紀』の連載を死の五日前で中断するまで、仕事にかじりついた人でした。

鞍馬天狗はこう言っていました。「死ぬのは嫌いだ。出来るだけ長く愉快に生きていたいと思う……けれど、自分の命より大切なものがあって、それを護るためには命を投げ出さなければならないという時には、男はいさぎよく死ななければならない」。

しかし、大佛自身ははたして、死の前にそういうものに出会えたのでしょうか。死ぬ直前まで仕事にかじりついていたということは、大佛にとって死は救いではなく、おそらくまだ死にたくはなかったでしょう。死はなかなかかんたんに悟れるものではありません。

ここには、あなたが考える「死の名言」を書いてください。

おわりに

本編の最後のページを開いて、空白に驚いた方もいらっしゃるかもしれません。

99人という切りの悪い数にあえてしたのは、最後に自分自身で死について考えてもらいたいと思ったからです。

ここに、自分で考えたことを自由に書きこんでください。あるいは、99のなかから特に気に入ったものがあればそれをもう一度書くのでもかまいませんし、あるいはまた本書には載っていないお気に入りの名言があればそれを書き込むのでもかまいません。そのことばがあなたにとって最大最高の

「死の名言」となって、必要なときにふと向こうから勝手に頭に浮かんでくるでしょう。

ここにあげた99のことばの中には、近いことを言っているように見えるものもあれば、一方、互いに相矛盾しているように見える名言もありました。どういうことなのでしょう。

誰も死については教えることができません。死んだことのある人はいないからです。だから辿り着いた答は、他人と似ていようが矛盾していようが、皆それぞれ、生きている間に精一杯考え、その末に絞り出されたものばかりなのです。

あたかも死を知っているかのように悟りすましたものはありません。断言しているようでも、実はその裏に不安を隠した希望や祈りにすぎないのです。私たちもまた、彼らのことばを一つのきっかけにして、自分自身で自分の死について考えるしかありません。

ここには死後の生に確信を持っているような宗教的なことばは一切入れませんでした。

一応、その名言を語った人の状況やら語られた文脈やらを解説してはおきましたが、あくまで考えるための一つのヒントであって、解説にはあまりこだわらず、ぜひそれぞれの名言自体を噛みしめて、あとはご自分で考えていただければと思います。

こうした名言には、私自身何度も助けられ、長年かけて集めていましたが、それをまとめて一冊とするにあたっては、まず企画としてとりあげてくれた山下覚さん、そしてそこから微に入り細に入り目を光らせて完成にまで導いてくれたダイヤモンド社の金井弓子さんには頭が上がりません。竹田嘉文さんには、名言を語った人たちの思いが伝わるような似顔絵を描き下ろしていただきました。

私自身、企画からの三年余りの間にいろいろと考えさせられたのは、この間三度の入院・手術を経験したからであり、また昔の教え子が25歳の誕生日を目前に病で亡くなったからでもあります。私も偶然その病院に通っていましたが、新型コロナウイルスのために見舞いも許されませんでした。

病床から送ってくれた葉書を目の前に置きつつ、本書をそのM・Uさんに捧げます。

伊藤氏貴

本書で紹介した名言の出典

本書の名言は、以下の書籍・雑誌・ウェブサイトなどから引用しました。

	人名	タイトル	著者名	出版社名など	
1	司馬遼太郎	『司馬遼太郎全集　第四巻』「竜馬がゆく 二」	司馬遼太郎	文藝春秋	18
2	佐野洋子	『ヨーコさんの〝言葉〟わけがわからん』	文・佐野洋子 絵・北村裕花	講談社	20
3	林子平	『精選版　日本国語大辞典』「六無斎」の解説		小学館	22
4	梅原龍三郎	『週刊現代』2015年4月4日号		講談社	24
5	坂口安吾	『堕落論・日本文化私観　他二十二篇』	坂口安吾	岩波書店	26
6	平塚らいてう	『煤煙』	森田草平	岩波書店	28
7	吉田松陰	『吉田松陰書簡集』「九三　高杉晋作宛　安政六年七月中旬」	編者・廣瀬豊	岩波書店	30
8	高杉晋作	『高杉晋作史料　第二巻』			32
9	中村哲	ライフアシスト　2014年　第9号		株式会社 テルウェル・ライフアシスト	34
10	瀬戸内寂聴	『老いも病も受け入れよう』	瀬戸内寂聴	新潮社	36
11	手塚治虫	『手塚治虫　壁を超える言葉』（『ぼくのマンガ道』新日本出版社の引用内引用）	手塚治虫＋松谷孝征	かんき出版	38
12	藤子・F・不二雄	『ドラえもん』第32巻	藤子・F・不二雄	小学館	40
13	江戸川乱歩	『江戸川乱歩全集　第二十巻』「探偵小説四十年 上」	江戸川乱歩	講談社	42

	人名	タイトル	著者名	出版社名など	
27	三島由紀夫	『鏡子の家』	三島由紀夫	新潮社	72
28	芥川龍之介	『芥川龍之介全集7』「侏儒の言葉」	芥川龍之介	筑摩書房	74
29	川端康成	『一草一花』内「美の存在と発見」の「末期の眼」の項	川端康成	講談社	76
30	柳原白蓮	『踏絵』	柳原白蓮	春陽堂書店	78
31	有島武郎	『有島武郎全集　第八巻』「遺書」	有島武郎 監修者・有島生馬、里見弴	新潮社	80
32	小林秀雄	『諸君！』昭和58年5月号 「小林秀雄先生の死生観」	鈴木重信	文藝春秋	82
33	中原中也	『中原中也詩集』 「汚れつちまつた悲しみに……」	中原中也	岩波書店	84
34	藤村操	遺書　巌頭之感			86
35	中島らも	『今夜、すべてのバーで』	中島らも	講談社	88
36	太宰治	『太宰治全集2』「火の鳥」	太宰治	筑摩書房	90
37	中江兆民	『一年有半・続一年有半』	中江兆民	岩波書店	92
38	徳川慶喜	『辞世千人一首』	荻生待也	柏書房	94
39	本居宣長	『本居宣長全集　第八巻』「玉くしげ」	本居宣長／ 編者・大久保正	筑摩書房	96

40	紀貫之	『新潮日本古典集成　古今和歌集』（巻第十六）	奥村恆哉・校注	新潮社	98
41	石川啄木	『日本文学全集12　国木田独歩・石川啄木集』「一握の砂」	国木田独歩・石川啄木	集英社	100
42	徳冨蘆花	『不如帰』	徳冨蘆花	岩波書店	102
43	西郷隆盛	『西郷南洲遺訓』	編者・山田済斎	岩波書店	104
44	伊藤野枝	『美は乱調にあり』	瀬戸内寂聴	角川学芸出版	106
45	上原良司	『第1集　きけ　わだつみのこえ　日本戦没学生の手記』	編者・日本戦没学生記念会	光文社	108
46	武井脩	『第1集　きけ　わだつみのこえ　日本戦没学生の手記』	編者・日本戦没学生記念会	光文社	110
47	小沢治三郎	『デジタル版　日本人名大辞典+Plus』			112
48	島尾敏雄	『島の果て』「出発は遂に訪れず」	島尾敏雄	集英社	114
49	与謝野晶子	『晶子詩篇全集』「君死にたまふこと勿れ」	与謝野晶子	実業之日本社	116
50	壺井栄	『二十四の瞳』	壺井栄	岩波書店	118
51	赤塚不二夫	『バカボンのパパよりバカなパパ』	赤塚りえ子	徳間書店	122
52	本田宗一郎	『本田宗一郎の名言　人生へのヒント』	梶原一明	学陽書房	124

	人名	タイトル	著者名	出版社名など	
53	織田信長	『新訂　信長公記』	太田牛一・著／桑田忠親・校注	新人物往来社	126
54	明智光秀	辞世			128
55	細川ガラシャ	辞世			130
56	宇野千代	『私 何だか死なないような気がするんですよ』	宇野千代	海竜社	132
57	大石内蔵助良雄	『辞世千人一首』	荻生待也	柏書房	134
58	大石主税良金	『辞世千人一首』	荻生待也	柏書房	136
59	高見順	『高見順全集　第四巻』「仮面」	高見順	勁草書房	138
60	菊池寛	『知識人99人の死に方』	監修・荒俣宏	角川書店	140
61	さくらももこ	『ちびまる子ちゃん　8』	さくらももこ	集英社	142
62	石坂泰三	『石坂泰三　困難に打ち勝つ知恵』	梶原一明　監修	アスペクト	144
63	阿部次郎	『合本　三太郎の日記』	阿部次郎	角川書店	146
64	中村天風	『折れない心！』	中村天風	扶桑社	148
65	一休宗純	『日本国語大辞典　第二版　第三巻』「門松」の項		小学館	150

	人名	タイトル	著者名	出版社名など	
79	むのたけじ	『詞集 たいまつ』	むのたけじ	評論社	180
80	吉川英治	『吉川英治歴史時代文庫45 大岡越前』	吉川英治	講談社	182
81	池波正太郎	『男の作法』	池波正太郎	新潮社	184
82	岡本太郎	『壁を破る言葉』	岡本太郎（企画・構成・監修 岡本敏子）	イースト・プレス	186
83	岡倉天心	『The Book of Tea』	岡倉天心		188
84	種田山頭火	『定本山頭火全集』第六巻	種田山頭火	春陽堂書店	190
85	十返舎一九	辞世			192
86	三木清	『人生論ノート』	三木清	新潮社	194
87	井上靖	『知識人99人の死に方』	監修・荒俣宏	KADOKAWA	196
88	西行	『山家集』	西行／校訂・佐佐木信綱	岩波書店	198
89	志村けん	『志村流』	志村けん	三笠書房	200
90	新渡戸稲造	『晩年の稲造』	内川永一朗	岩手日報社	202
91	内村鑑三	『内村鑑三聖書注解全集』第17巻	内村鑑三	教文館	204

No.	人物	出典	著者・編者	出版社	ページ
92	永六輔	『二度目の大往生』	永六輔	岩波書店	206
93	樋口一葉	『一葉語録』	編者・佐伯順子	岩波書店	208
94	上杉謙信	『武将の言葉 決断力が身に付く180のヒント』	火坂雅志	角川学芸出版	210
95	黒田官兵衛	『武将の言葉 決断力が身に付く180のヒント』	火坂雅志	角川学芸出版	212
96	藤堂高虎	『武将の言葉 決断力が身に付く180のヒント』	火坂雅志	角川学芸出版	214
97	佐藤一斎	『言志四録（下）』	佐藤一斎／久須本文雄・全訳注	講談社	216
98	勝海舟	『氷川清話　付勝海舟伝』	勝部真長・編	KADOKAWA	218
99	大佛次郎	『砂の上に』「さかさまに」	大佛次郎	光風社	220

・引用にあたっては、一部仮名遣いなど表記を改めたところがあります。
・広く知られている一部の辞世については、出典記載なしとしています。

人物名索引

・本書に記載した人物の生年・没した年・没年については諸説ある場合があります。
・年齢については、数え年齢か満年齢かによって2歳ていどのずれが生じる可能性があります。

［著者］
伊藤氏貴（いとう・うじたか）
明治大学教授。文芸評論家。
著書に『美の日本』（明治大学出版会）、『同性愛文学の系譜』（勉誠出版）、『樋口一葉赤貧日記』（中央公論新社）などがある。

生きるために読む
死の名言

2023年4月18日　第1刷発行

著　者——伊藤氏貴
発行所——ダイヤモンド社
〒150-8409　東京都渋谷区神宮前6-12-17
https://www.diamond.co.jp/
電話／03･5778･7233（編集）　03･5778･7240（販売）
ブックデザイン—小口翔平＋畑中茜（tobufune）
イラスト——竹田嘉文
DTP————エヴリ・シンク
校正・校閲協力—鷗来堂
製作進行——ダイヤモンド・グラフィック社
印刷・製本—三松堂
編集担当——金井弓子（kanai@diamond.co.jp）

ISBN 978-4-478-11298-4